बॉलीवुड की बुनियाद

अजित राय

वाणी प्रकाशन

वाणी प्रकाशन

4695, 21-ए, दरियागंज, नयी दिल्ली 110 002

फ़ोन : +91 11 23273167 फ़ैक्स : +91 11 23275710

शाखाएँ

अशोक राजपथ, पटना 800 004, बिहार

कॉफ़ी हाउस कैम्पस, महात्मा गांधी मार्ग, इलाहाबाद 211 001, उत्तर प्रदेश

महात्मा गांधी अन्तरराष्ट्रीय हिन्दी विश्वविद्यालय, वर्धा 442 001, महाराष्ट्र

www.vaniprakashan.com
marketing@vaniprakashan.in
sales@vaniprakashan.in

Bollywood Ki Buniyaad
by Ajit Rai

ISBN : 978-93-5518-320-0
History/Cinema

प्रथम संस्करण 2022
प्रकाशित प्रतियाँ 1000

मूल्य : ₹ 395

आर. टेक ऑफ़सेट प्रिंटर्स, दिल्ली-110032 में मुद्रित

वाणी प्रकाशन का लोगो मक़बूल फ़िदा हुसेन की कूची से

समर्पण

यह किताब हिन्दुजा बन्धुओं को समर्पित है, **श्रीचन्द** जी, **गोपीचन्द** जी, **प्रकाश** जी और **अशोक़** जी को जिनका आशीर्वाद ही मेरी पूँजी है

साथ ही

यह किताब मैं अपनी माई श्रीमती **चिन्ता देवी राय** (स्वर्गीय) और बाबूजी श्री **भोला नाथ राय**, ग्राम–पोस्ट कसियाँ, थाना–डुमरांव, ज़िला–बक्सर, बिहार, भारत, को समर्पित कर रहा हूँ

और

पुत्र **भार्गव राय** को सस्नेह जो भारतीय सिनेमा के दीवाने हैं

तथा

सिनेमा से इश्क़ करने वाले उन सभी मित्रों को जो मेरे लेखन को पसन्द करते हैं और मेरा उत्साह बढ़ाते हैं।

आभार

जिस तरह हर प्रतिभा को एक अवसर की तलाश होती है उसी तरह हर अवसर को भी एक प्रतिभा की तलाश होती है। विभिन्न अख़बारों और पत्र–पत्रिकाओं में क़रीब पाँच हज़ार आलेख, रिपोर्ट, साक्षात्कार, समीक्षा आदि लिख चुकने के बाद जब नियति ने इस किताब को लिखने के लिए मुझे चुना तो बार–बार मित्र पंकज नारायण की कही गयी यह बात मुझे याद आती रही। प्रकाश हिन्दुजा से कॉन फ़िल्म फेस्टिवल में मेरा मिलना, विला पाराडाइज़ में हिन्दुजा बन्धुओं के प्रीतिभोज में शामिल होना, गोपीचन्द हिन्दुजा से पचास के दशक की फ़िल्मी कहानियाँ सुनना, आशीष आहूजा का मुम्बई से फ़ोन आना, लन्दन में गोपीचन्द जी से मुलाक़ात और इस तरह एक किताब लिखने की योजना–यह सब कुछ एक संयोग ही तो था। कोरोना संकट के कारण और कुछ मेरे आलसी स्वभाव के कारण इस किताब को लिखने में दो वर्ष ज़्यादा लग गये।

इस किताब को तैयार करने में बहुत सारे लोगों का प्रत्यक्ष–अप्रत्यक्ष योगदान रहा है। सबसे बड़ा योगदान तो हिन्दुजा बन्धुओं का ही है। गोपीचन्द जी, प्रकाश जी और अशोक हिन्दुजा जी अपनी सघन व्यस्तता के बावजूद हमेशा फ़ोन पर उपलब्ध रहें। मैं हिन्दुजा समूह (मुम्बई) के वाइस प्रेसिडेंट–कारपोरेट कम्युनिकेशन, आशीष आहूजा का सदा आभारी रहूँगा जिन्होंने क़दम–क़दम पर सहयोग और सुझाव दिया। मुरली छाबड़िया, रमेश निचानी, संजय जुमानी, सुभाष शर्मा, संजय ख़ान, धर्मेन्द्र, अमित खन्ना, प्रेम सागर, केतन देसाई, अनु मलिक, एस एम खान, बीबीसी के वरिष्ठ पत्रकार रेहान फ़ज़ल और उन तमाम लोगों का मैं आभारी हूँ जिन्होंने इस विषय पर बातचीत करने का समय निकाला। मुम्बई में ओविन दास और प्रकाश हिन्दुजा की निजी सचिव गुलनार मारोलिया ने कई लोगों से बातचीत कराने में सहयोग दिया। राज कपूर की बेटी ऋतु नन्दा का भी आभार जिनकी किताब 'राज कपूर : दि वन एंड ओनली शोमैन' से काफ़ी मदद मिली। नवभारत टाइम्स के कार्यकारी सम्पादक राम कृपाल सिंह और मुम्बई संस्करण के सम्पादक सुन्दर चन्द्र ठाकुर का आभार जिन्होंने मुझे टाइम्स ऑफ़ इंडिया प्रकाशन समूह की ओर से अपना प्रतिनिधि बनाकर पहली बार (2013) कॉन फ़िल्म समारोह में भेजा। मुम्बई विश्वविद्यालय के प्रोफ़ेसर मंगेश बंसोड (थियेटर), सुन्दर राजदीप (पत्रकारिता)

और करुणा शंकर उपाध्याय (हिन्दी) का आभार जिन्होंने हर समय मुम्बई में मेरा स्वागत किया। देश के यशस्वी अभिनेता अजय कुमार को कैसे भूल सकता हूँ जिन्होंने मुम्बई प्रवास के दौरान पटना के मुकुल आनन्द के फ़्लैट में मुझे अपने साथ रखा और किसी चीज़ की कोई कमी नहीं होने दी। अनुज गर्ग का आभार जो पहली बार मुझे अपने साथ कॉन फ़िल्म फेस्टिवल (2013) ले गये।

इस किताब के छपने पर सबसे अधिक खुशी लन्दन में मेरे बड़े भाई तेजेन्द्र शर्मा को होगी जिन्होंने मुझे कई बार अपने घर पर महीनों रखकर मेरा मार्गदर्शन किया। भोपाल के वरिष्ठ पत्रकार गिरिजा शंकर जी ऐसे संरक्षक हैं जो क़दम–क़दम पर मेरी बाधाएँ दूर करते रहते हैं और जिन्होंने दोबारा जीवन संग्राम में उतरने का आत्मविश्वास दिया।

मुम्बई के धर्मेन्द्र नाथ ओझा और अक्षत पाण्डे को याद किये बिना रहा नहीं जा सकता जिन्हें प्रकृति ने सकारात्मक ऊर्जा का भण्डार दे रखा है। इन लोगों ने हमेशा मुझे इस किताब को जल्दी से जल्दी पूरा करने का दबाव बनाया।

पत्रकारिता और रंगमंच में मेरे गुरु श्री अच्युतानन्द मिश्र और देवेन्द्र राज अंकुर का आशीर्वाद हमेशा मेरे साथ रहा। मैं अपने उन सम्पादकों का आभारी हूँ जिन्होंने मुझ पर भरोसा किया और मेरे लेखन को जगह दी जिनमें मुकेश भारद्वाज (जनसत्ता), लक्ष्मी प्रसाद पन्त (दैनिक भास्कर), दिलीप चौबे (राष्ट्रीय सहारा), सुभाष राय (जनसंदेश टाइम्स), पंकज शुक्ल (अमर उजाला), सुभाष मिश्र (आज की जनधारा), राजीव अग्निहोत्री (पीपुल्स समाचार), चन्द्रभूषण (नवभारत टाइम्स) और प्रकाश के रे (प्रभात खबर) प्रमुख हैं। इनके साथ ही मैं उन दर्जनों डिजिटल मीडिया मंचों का आभारी हूँ जिन्होंने मेरे आलेखों को जारी किया।

मशहूर फ्रेंच अभिनेत्री मारियान बोर्गो (पेरिस) और लन्दन में लेबर पार्टी की काउंसलर ज़कीया ज़ुबैरी ने तो मुझे अपने बेटे के रूप में एक तरह से गोद ही ले लिया है। मेरी अपनी माँ श्रीमती चिन्ता देवी राय के निधन (15 जुलाई, 2020) के बाद तो मेरी इन धर्म माताओं का जीवन में होना किसी वरदान से कम नहीं है। इस किताब को लिखते हुए मेरे विदेश के कई मित्रों का साथ मिला जिनका आभार। यहाँ मैं ख़ासतौर से अपनी जर्मन पत्रकार दोस्त एलिस कैंटेरियन को याद करना चाहता हूँ जिनके साथ मैं पिछले दस सालों से कॉन फ़िल्म फेस्टिवल में रहता आया हूँ।

पुस्तक के प्रकाशक वाणी प्रकाशन के अरुण माहेश्वरी और उनकी यशस्वी बेटी अदिति माहेश्वरी–गोयल का आभार प्रकट करने के लिए मेरे पास शब्द कम पड़ रहे हैं। पिछले तीस सालों से बिना हानि–लाभ की चिन्ता किए हमारी मित्रता क़ायम है।

अन्त में मैं अपनी माता श्रीमती चिन्ता देवी राय (स्वर्गीय) और पिता श्री भोला नाथ राय का आभारी हूँ जिनका आशीर्वाद मेरी शक्ति और सम्बल है। मैं अपनी दोनों बहनों– सीमा और नीभा तथा चारों भाइयों– बबलू, मिंटू, रिंकू और दिनेश कुमार का भी आभारी हूँ जिन्होंने कभी मुझसे कोई सवाल नहीं पूछा और मेरे साथ हर हाल में खड़े रहे।

अजित राय
नयी दिल्ली

15 अप्रैल, 2022

अनुक्रम

1

कॉन फ़िल्म फ़ेस्टिवल में हिन्दुजा बन्धुओं का शाकाहारी डिनर और बारह सौ हिन्दी फ़िल्मों की वैश्विक यात्रा

और इस तरह बनी किताब लिखने की योजना

ब्रिटेन के सबसे अमीर नागरिक भारतवंशी गोपीचन्द परमानन्द हिन्दुजा और प्रकाश परमानन्द हिन्दुजा के साथ कॉन फ़िल्म समारोह में मिलना बतियाना जब तक न हो तब तक यह आयोजन मेरे लिए अधूरा रहता है। कॉन फ़िल्म समारोह के दौरान केवल दो ही रात्रिभोज चर्चा का विषय होते हैं–मैजेस्टिक बीच पर फ़ेस्टिवल डायरेक्टर थेरी फ्रेमों का ओपनिंग डिनर और ब्रिटेन के सबसे अमीर भारतीय उद्योगपति हिन्दुजा बन्धुओं के विला पाराडाइज़ में शाकाहारी भारतीय व्यंजनों का स्वागत भोज, जिसमें मैं उनसे पहली बार 20 मई, 2017 की शाम मिला। यह रात्रिभोज वे ज़माने से आयोजित करते रहे हैं जिसमें भारत और फ्रांस के हर क्षेत्र की हस्तियाँ शिरकत करती रही हैं। जब देवानन्द की फ़िल्म गाइड का कॉन में विशेष प्रदर्शन हुआ था तब देवानन्द खुद इस भोज में शामिल हुए थे। यह बात देवानन्द ने मुझे गोवा में ख़ुद बतायी थी। उनकी विनम्रता और सामने वाले को इज़्ज़त देने की अदा दिल को छू गयी। यू. के. के सबसे अमीर व्यक्ति श्री गोपीचन्द परमानन्द हिन्दुजा से हाथ मिलाते हुए ऐसा लगता है कि कुछ बड़ा घटित होने वाला है।

इस सिनेमा दोस्ती की शुरुआत का भी एक दिलचस्प क़िस्सा है। यह जानना भी दिलचस्प है कि राज कपूर की फ़िल्म 'श्री 420' (1954) से लेकर अमिताभ बच्चन की 'कुली' और 'नसीब' तक क़रीब 1200 हिन्दी फ़िल्मों की वैश्विक यात्रा (1954–1984)

को हिन्दुजा बन्धुओं ने कैसे सम्भव किया और इस तरह बना हमारा यह बॉलीवुड। उनका अभी भी इरादा है कि भारतीय फ़िल्में सारी दुनिया पर राज करें और एक दिन हॉलीवुड को पछाड़ दें। उनके भाई प्रकाश परमानन्द हिन्दुजा का भी जवाब नहीं। वे सिनेमा के चलते–फिरते विश्वकोश (इनसाइक्लोपीडिया) हैं।

कमल प्रकाश हिन्दुजा, शर्मिला टैगोर और प्रकाश हिन्दुजा।

यह मई, 2016 की बात है। दुनिया के सबसे बड़े और प्रतिष्ठित फ़िल्मोत्सव कॉन फ़िल्म फ़ेस्टिवल में भारतीय पैविलियन लगाने और चलाने की ज़िम्मेदारी मई, 2016 में भारत सरकार के सूचना एवं प्रसारण मन्त्रालय ने भारतीय उद्योगपतियों की संस्था फिक्की यानी फेडरेशन ऑफ़ इंडियन चैम्बर्स ऑफ़ कॉमर्स एंड इंडस्ट्री (भारतीय वाणिज्य और उद्योग परिसंघ) को सौंपी थी। इससे पहले यह काम विक्रमजीत राय के नेतृत्व में राष्ट्रीय फ़िल्म विकास निगम (एनएफडीसी) करता था। फिक्की की निर्देशक एवं प्रमुख, मीडिया एंड इंटरटेनमेंट, लीना जैसानी यह ज़िम्मेदारी बख़ूबी निभा रही थीं। वे कॉन फ़िल्म फ़ेस्टिवल से भारतीय अख़बारों में छपने वाली मेरी रोज़ की रिपोर्टिंग पढ़ती थीं। यहीं पर एक कार्यक्रम के दौरान मेरी मुलाक़ात मीडिया जगत की मशहूर हस्ती उदय शंकर से हुई थी। मुझे पता था कि वे मेरी ही तरह बिहार से आते हैं। कॉन फ़िल्म फ़ेस्टिवल में हमारे जैसे गम्भीर स्वभाव के जितने फ़िल्म समीक्षक जाते हैं, उनका फोकस ऑफ़िशियल सेलेक्शन की फ़िल्मों पर ही होता है, इसलिए बाक़ी गतिविधियों की ख़बरें हमसे छूट जाती हैं। बाद के वर्षों में जनसत्ता के सम्पादक मुकेश भारद्वाज और नवभारत टाइम्स (मुम्बई) के सम्पादक सुन्दर चन्द्र ठाकुर ने ज़रूर सुझाव दिया कि मुझे कॉन फ़िल्म फ़ेस्टिवल में होने वाली भारतीय गतिविधियों को भी अपनी रिपोर्ट में शामिल करना चाहिए।

एक दिन लीना जैसानी ने मुझसे अनुरोध किया कि मैं किसी दिन भारतीय पैविलियन की गतिविधियों के बारे में भी रिपोर्ट लिखूँ। मैंने लिखा भी जो भारत के कई अख़बारों में 22 मई, 2016 को छपा। उस रिपोर्ट का शीर्षक था–'विश्व सिनेमा में भारतीय सपने।' साथ में उस साल गोवा में होने वाले भारत के 47वें अन्तरराष्ट्रीय फ़िल्म समारोह का पोस्टर ज़ारी करते हुए सूचना एवं प्रसारण राज्य मन्त्री राज्यवर्धन सिंह राठौड़, फिक्की के अध्यक्ष (मीडिया एंड इंटरटेनमेंट) उदय शंकर, वरिष्ठ फ़िल्मकार सुधीर मिश्रा, फ्रांस में भारत के राजदूत मोहन कुमार और अन्य सम्बन्धित व्यक्तियों की फ़ोटो छपी थी। तभी से लीना जैसानी से अच्छी दोस्ती हो गयी थी।

संजय जुमानी, ए. आर. रहमान और प्रकाश हिन्दुजा।

इसके एक साल बाद मई, 2017 में किसी वजह से लीना जैसानी कॉन फ़िल्म फ़ेस्टिवल नहीं जा पायीं। मुझे बताया गया कि उनकी तबियत ठीक नहीं है। मैं भी अपनी व्यस्तता के कारण भारतीय पैविलियन में नहीं जा पाया। 19 मई, 2017 की एक दोपहर ख़बरें लिखने का मेरा काम जल्दी ख़त्म हो गया तो सोचा ज़रा भारतीय पैविलियन का चक्कर लगाते हैं। हम सब भारतीय पत्रकार और सिनेमा से जुड़े लोग अक्सर इंटरनेट और चाय–पानी के लिए भारतीय पैविलियन जाते हैं। वहाँ शाम को नेटवर्किंग काकटेल में मदिरा के साथ समोसे और स्वादिष्ट भारतीय नाश्ता भी मिलता है। उस दिन जैसे ही मैं भारतीय पैविलियन पहुँचा, लीना जैसानी के सहायक ने शिकायती लहजे में कहा कि मैं तो इधर का रास्ता ही भूल गया हूँ। उन्होंने लीना जैसानी का एक सन्देश दिया जिसमें उन्होंने मुझसे अनुरोध किया था कि मैं जे. डब्ल्यू. मैरिएट होटल की पहली मंज़िल पर फिक्की द्वारा आयोजित भारतीय और यूरोपीय फ़िल्मकारों की 'सेलर्स बायर्स मीट' में एक बार ज़रूर जाऊँ। हो सके तो लंच के

समय। फिक्की हर साल मुम्बई में मनोरंजन उद्योग पर फिक्की फ्रेम्स नाम से एक सालाना जलसा करता है। यह आयोजन अगले साल होने वाले जलसे फिक्की फ्रेम्स 2018 के बैनर तले किया गया था।

उस समय दोपहर के ढाई बज चुके थे और मैं टहलते हुए जे. डब्ल्यू. मैरिएट होटल की ओर चल पड़ा। मुझे क्या पता था कि मेरे जीवन की एक निर्णायक घटना वहाँ मेरा इन्तज़ार कर रही थी। जे. डब्ल्यू. मैरिएट होटल की लॉबी से पहली मंज़िल पर जाने के लिए जो सीढ़ियाँ बनी थीं उसकी डिजाइन कुछ ऐसी थी कि फ़र्श से दो तरफ़ से ऊपर जाती थी और बीच में मिल जाती थी। वहाँ से विपरीत दिशाओं में दोनों तरफ़ से सीढ़ियाँ ऊपर जाती थीं और पहली मंज़िल पर पहुँचती थीं। मैं अपनी धुन में कोई गीत गुनगुनाता हुआ चला जा रहा था। ऊपर जाने वाली सीढ़ी से जैसे ही बीच में पहुँचा एक हिन्दुस्तानी सज्जन हाफ पैंट (बरमूडा) और टी–शर्ट पहने हुए और सिर पर टोपी लगाये हुए पहली मंज़िल से उतर रहे थे। उनके हाथ में कुछ कागज़ थे। उनके साथ एक और हिन्दुस्तानी थे जो सम्भवतः उनके सहायक रहे होंगे। अब सीढ़ियों के बीच में हम आमने–सामने थे। उन्होंने मेरे पहनावे और हावभाव से मुझे पहचान लिया कि मैं हिन्दुस्तानी हूँ। मैंने काली जींस और काला लम्बा कुर्ता पहना हुआ था और आदत के मुताबिक़ रंगीन गमछा गले में लपेटा हुआ था। उन्होंने मुझे देखते ही चहकते हुए पूछा–''और क्या हालचाल है?''

मैंने भी गमछा लहराते हुए कहा, ''परमानन्द है।''

मुझे तब तक यह नहीं पता था कि परमानन्द उनके पिताजी का नाम है, श्री परमानन्द दीपचन्द हिन्दुजा (1901–1971)।

उन्होंने फिर पूछा, ''और कॉन फ़िल्म फ़ेस्टिवल कैसा चल रहा है?''

मैंने कहा, ''ज़बरदस्त।''

उन्होंने पूछा, ''कौन–सी फ़िल्में अच्छी हैं?''

मैंने कहा, ''बहुत सारी। बोंग जून हो की 'ओक्जा' (दक्षिण कोरिया), आन्द्रे ज्यागनित्सेव की 'लवलेस' (रूस), नाओमी कवासे की 'हिकारी' (जापान), फतेह अकीन की 'इन द फेड' (जर्मनी), माइकेल हेनेके की 'हैप्पी एंड' (आस्ट्रिया), रूबेन ओसलुंड की 'द स्क्वेयर' (स्वीडन), माइकेल हाजाविसियस की 'रिडाउटेबल' (फ्रांस), रोमान पोलांस्की की 'बेस्ड ऑन अ ट्रू स्टोरी' आदि ऐसी कुछ फिल्में हैं जो ज़रूर देखनी चाहिए।''

अपनी आदत के अनुसार मैं धाराप्रवाह बोल गया। वे चुपचाप सुनते रहे। जब मैं चुप हो गया तो उन्होंने बड़े प्यार से कहा, ''कल 20 मई की शाम आठ बजे मेरे घर पर कुछ मेहमान डिनर पर आ रहे हैं आप भी आइए।'' उन्होंने अपने सहायक से अतिथियों की सूची में मेरा नाम और फ़ोन नम्बर लिखने को कहा। उसने मुझे एक कागज़ थमाया जो आमन्त्रण था।

उन्होंने फिर पूछा, ''आप कहाँ रहते हैं?''

मैंने कहा, ''दिल्ली। और आप?''

उन्होंने अपने गले में लटका हुआ कॉन फ़िल्म फ़ेस्टिवल का बैज दिखाते हुए कहा, ''मैं तो सारी दुनिया में रहता हूँ। परसों घर आइए। फिर बात करते हैं।'' मैंने उनका बैज अपनी आँखों के पास ले जाकर देखा। उस पर लिखा हुआ था–प्रकाश पी हिन्दुजा। जब तक मैं उनको डिनर के आमन्त्रण का धन्यवाद देता, वे अपने सहायक के साथ जा चुके थे। मैं ऊपर गया। वहीं मेरी बाबी बेदी से मुलाक़ात हुई।

वहाँ से मैं वापस 'पाले डि फ़ेस्टिवल' (जिस भवन में कॉन फ़िल्म फ़ेस्टिवल होता है, यानी फ़ेस्टिवल का मुख्य स्थल) आ गया। कॉन फ़िल्म फ़ेस्टिवल ने अपनी 70वीं वर्षगाँठ पर फ़िल्म समीक्षकों के लिए पाले डि फ़ेस्टिवल की चौथी मंज़िल पर एक शानदार मीडिया लाउंज शुरू किया था जहाँ हम लोग आराम से नीले समुद्र का नयनाभिराम दृश्य देखते हुए और कुछ खाते–पीते हुए फ़िल्मों, प्रेस कॉन्फ्रेंस और अपनी लिखी जानेवाली रपटों के बारे में चिन्तन–मनन कर सकते थे। यहाँ हल्के स्नैक्स (चखना) के साथ बियर, वाइन, जूस, सॉफ्ट ड्रिंक्स आदि पत्रकारों के लिए हमेशा उपलब्ध रहती है और वह भी बिल्कुल निःशुल्क यानी फ्री। कॉन फ़िल्म फ़ेस्टिवल के दौरान यह मेरी पसन्दीदा जगह होती है। एक मीडिया लाउंज तीसरी मंज़िल पर भी था जिसे टेलीकॉम कम्पनी ऑरेंज चलाती थी, पर यहाँ केवल चाय–काफ़ी, पानी–जूस, सोडा आदि ही मिलता था। नीचे दूसरी मंज़िल पर टेलीकॉम कम्पनी एच. पी. एक विशाल मीडिया हाल और टेरेस का संचालन करती है। यहाँ पानी के अलावा कुछ भी नहीं मिलता पर यहाँ काम करने के लिए सैकड़ों सुविधा सम्पन्न कम्प्यूटर लगे रहते हैं। बाक़ी दोनों मीडिया लाउंज में अपने गज़ट और डिवाइस पर काम करना होता है।

कॉन फ़िल्म फ़ेस्टिवल के दौरान मध्य–पूर्व के देशों के कलाकारों के साथ प्रकाश हिन्दुजा।

मैंने प्रकाश पी हिन्दुजा के सहायक का दिया हुआ वह आमन्त्रण ध्यान से पढ़ा तो चौंक गया। साफ़–साफ़ लिखा था–हिन्दुजा परिवार हिन्दुजा समूह और एक्स्ट्रावगांट इंडिया– इंटरनेशनल इंडियन फ़िल्म फ़ेस्टिवल, पेरिस–की ओर से भारतीय शाकाहारी व्यंजनों के साथ भारत की आज़ादी और कॉन फ़िल्म फ़ेस्टिवल की सत्तरवीं सालगिरह का जश्न मनाने के लिए शनिवार, 20 मई, 2017, शाम 8 से 10 बजे, आपको आमन्त्रित करते हुए हर्ष का अनुभव करता है। पता दिया गया था, विला पाराडिज़िया (मतलब विला पाराडाइज़), 22 एवेन्यू, सोल मियो, 06400, कॉन। नीचे यह भी निर्देश दिया गया था कि शुक्रवार, 19 मई की सुबह तक आरएसवीपी ज़रूर कर दें। मुझे एलिस कैंटेरियन ने दो साल पहले ही समझा दिया था कि कॉन फ़िल्म फ़ेस्टिवल के दौरान जितने भी आमन्त्रण आते हैं, उन्हें आरएसवीपी करना पड़ता है, तभी आपको वहाँ प्रवेश मिल सकता है। पर मैं क्या करता। मुझे तो आमन्त्रण ही 19 मई की दोपहर बाद मिला था। मैंने गूगल पर हिन्दुजा बन्धुओं के विला का लोकेशन चैक किया। मैंने पाया कि वहाँ कोई बस या ट्राम नहीं जाती है। वहाँ पहुँचने के लिए मुझे टैक्सी करनी पड़ेगी जिसका किराया कम–से–कम ढाई हज़ार रुपये होगा। इस तरह हिन्दुजा के रात्रिभोज में जाने आने पर मुझे क़रीब पाँच हज़ार रुपये ख़र्च करने पड़ेंगे। मैंने हिसाब लगाया कि पाँच हज़ार रुपये में तो मैं यहाँ किसी भी रेस्त्राँ में कम–से–कम पाँच बार शानदार डिनर कर सकता हूँ। आप मुझे ग़लत मत समझिए। मैं कंजूस नहीं हूँ। पर कॉन फ़िल्म फ़ेस्टिवल में आने वाला हर हिन्दुस्तानी एक–एक पैसा बचाने की कोशिश करता है क्योंकि यह बहुत महँगी जगह है। हुआ यह कि मैंने सोच लिया कि मैं हिन्दुजा बन्धुओं के डिनर में नहीं जाऊँगा। बात आयी गयी हो गयी। मैं अपने काम में व्यस्त हो गया।

कॉन फ़िल्म फ़ेस्टिवल के दौरान मेरी दिनचर्या बहुत व्यस्त और थकाने वाली होती है। सुबह छह–साढ़े छह बजे उठकर जल्दी–जल्दी तैयार होना होता है। रात को सोने से पहले ही बैग में ज़रूरी सामानों की पैकिंग हो जाती है। ग्रैंड थियेटर लूमिएर में पहला शो साढ़े आठ बजे सुबह का होता है जो केवल प्रेस के लिए होता है। कॉन फ़िल्म फ़ेस्टिवल के प्रतियोगिता खण्ड की सभी फ़िल्मों का यह प्रीमियर शो होता है। इसके लिए हमें सुबह आठ बजे ज़रूर पहुँचना होता है और लाइन में लगना होता है, नहीं तो वे सारे दरवाज़े बन्द कर देते हैं। मेरे पास प्राथमिकता वाला और एक तरह से वीआईपी प्रेस कार्ड होता है तो मेरे लिए यह लाइन छोटी होती है। यहाँ शो शुरू हो जाने के बाद आप भीतर नहीं जा सकते। साढ़े दस–पौने ग्यारह बजे शो ख़त्म होता है और ग्यारह बजे उस फ़िल्म की प्रेस कॉन्फ्रेंस होती है। बारह–साढ़े बारह बजे तक मैं चौथी मंज़िल पर बने मीडिया लाउंज में आ जाता हूँ और लिखना शुरू करता हूँ। ढाई–तीन बजे तक भारतीय अख़बारों को रिपोर्ट और फ़ोटो भेजने के बाद एक घण्टे के लिए थोड़ी फ़ुर्सत होती है, क्योंकि उस वक़्त भारत में छह–साढ़े छह बज रहे होते हैं और आमतौर पर सात बजे पेज छूट जाता है।

इस फुर्सत में दोस्तों के साथ भारत और दूसरे देशों के पण्डालों में रंगबाज़ी चलती है। इसमें मेरी जर्मन पत्रकार मित्र एलिस कैंटेरियन गाइड होती हैं जिनके अपार्टमेंट में 2015 से ही मैं उनके साथ यहाँ ठहरता हूँ। उनसे मिलने और दोस्ती होने की अलग कहानी है। डेबुसी थियेटर में प्रेस शो चार बजे, सात बजे और दस बजे होता है। फिर रात की पार्टियों का दौर शुरू होता है। कमरे पर पहुँचकर नहाते–धोते रात के दो बज जाते हैं। तब तक भारत में सुबह के साढ़े पाँच बज चुके होते हैं और सारे अख़बार इंटरनेट पर अपलोड हो चुके होते हैं जिसे पढ़ते–पढ़ते सो जाते हैं। बारह दिन यही दिनचर्या रहती है। फ़िल्में देखना और लिखना।

कॉन फ़िल्म फ़ेस्टिवल में प्रेस कार्ड की क़रीब सात श्रेणियाँ होती हैं। सातों श्रेणियों के प्रेस कार्ड अलग–अलग रंग के होते हैं। इन रंगों से ही उन्हें पहचाना जाता है और इसी आधार पर हर गतिविधि में जाने के लिए अलग–अलग लाइन लगती है। नवभारत टाइम्स, मुम्बई के सम्पादक सुन्दर चन्द्र ठाकुर ने मुझे पहली बार 2013 में कॉन फ़िल्म फ़ेस्टिवल के प्रेस एक्रेडिटेशन के लिए टाइम्स ऑफ़ इंडिया समाचार–पत्र समूह की ओर से चिट्ठी देकर अधिकृत किया था, तो मुझे पहले ही साल नीचे से पाँचवीं श्रेणी का प्रेस कार्ड मिल गया था। यह गुलाबी रंग का होता है। इसके नीचे का प्रेस कार्ड नीले रंग का, फिर पीले और नारंगी और सबसे निचली श्रेणी हरे रंग की होती है। दरअसल, कॉन फ़िल्म फ़ेस्टिवल के अब तक के इतिहास में (1946–2013) मैं हिन्दी का पहला पत्रकार था, जो यहाँ तक पहुँचा था। यह मेरे लिए गौरव और ख़ुशी की बात थी। उसी साल, यानी कॉन फ़िल्म फ़ेस्टिवल में मेरी उपस्थिति के पहले ही साल मेरा लिखा हुआ लेख वायरल हो गया जिसका शीर्षक था–'दरवाज़े पर ही रहा अतिथि देश।' इस लेख को पढ़ने के बाद कैफे रोमा में 'तत्त्व चिन्तन' (सोमरस पान) करते हुए पेरिस के मशहूर भारतीय फ़िल्मकार विजय सिंह ने कहा था, ''अजित, तुम पहले ऐसे भारतीय फ़िल्म समीक्षक हो जिसने भारतीयों को बतलाया कि कॉन फ़िल्म फ़ेस्टिवल आख़िर होता क्या है। मैं प्रेस प्रमुख क्रिस्टीन ऐमी से कहूँगा कि वह अपने ऑफ़िस में तुम्हारा सम्मान करें। हिन्दी समाज के लिए यहाँ तक तुम्हारा आना ही एक बड़ी घटना है।'' उस शाम मेरे मित्र त्रिपुरारि शरण भी कैफे रोमा में मेरे साथ थे। दरअसल, कॉन फ़िल्म फ़ेस्टिवल ने उस साल भारत को अतिथि देश का दर्जा दिया था लेकिन एक भी भारतीय फ़िल्म ऑफ़िशियल सेलेक्शन में नहीं थी। मेरा मानना है कि ऐसा इसलिए हुआ था क्योंकि फ्रांस ने अमेरिका को पछाड़कर राफेल विमानों का बहुत बड़ा ठेका हासिल किया था। जब मैं पहली बार 19 मई, 2013 को कॉन फ़िल्म फ़ेस्टिवल के रेड कार्पेट पर अपने मित्र और उस साल के मेरे प्रायोजक अनुज गर्ग के साथ चल रहा था, तो मेरी आँखों में झर–झर आँसू बह रहे थे। सिनेमा के प्रति जिस दीवानगी के कारण बचपन में मेरी पिटाई होती थी, उसी दीवानगी ने मुझे दुनिया के सबसे बड़े और प्रतिष्ठित फ़िल्म समारोह कॉन फ़िल्म फ़ेस्टिवल के रेड कार्पेट पर ला खड़ा किया था।

कॉन फ़िल्म फ़ेस्टिवल में हिन्दुजा बन्धुओं के घर विला पाराडाइज़ में डिनर पार्टी में अजित राय।

तीन साल बाद 2016 के 69वें कॉन फ़िल्म फ़ेस्टिवल में मेरे काम से प्रभावित होकर कॉन फ़िल्म फ़ेस्टिवल में प्रेस की प्रमुख क्रिस्टीन ऐमी की अनुशंसा पर मेरे प्रेस कार्ड को छठवीं श्रेणी में अपग्रेड कर दिया गया। जिसे 'पिंक विद येलो डॉट' कहते हैं। इसका मतलब है कि कॉन फ़िल्म फ़ेस्टिवल ने आपको विश्व के सबसे महत्त्वपूर्ण फ़िल्म समीक्षकों की सूची में शामिल कर लिया। कॉन फ़िल्म फ़ेस्टिवल में रिपोर्टिंग के लिए दुनिया भर से आनेवाले क़रीब पाँच हज़ार पत्रकारों में से बहुत कम (क़रीब सौ–डेढ़ सौ) पत्रकारों को यह प्रेस कार्ड मिलता है। इससे ऊपर केवल एक श्रेणी है यानी सातवीं श्रेणी जिसे कहते हैं 'ह्वाइट।' अधिकतर जगहों पर इन दोनों श्रेणियों के लिए एक ही लाइन होती है। ह्वाइट प्रेस कार्ड उन पत्रकारों को मिलता है जो कई दशकों से कॉन फ़िल्म फ़ेस्टिवल की रिपोर्टिंग कर रहे हैं और जो दुनिया के सबसे बड़े और प्रतिष्ठित मीडिया समूहों के लिए काम करते हैं। अभी तक किसी भारतीय पत्रकार को ह्वाइट प्रेस कार्ड नहीं मिल पाया है। मेरे लिए यह बात इसलिए और महत्त्वपूर्ण थी कि यह उपलब्धि मुझे अपनी मातृभाषा हिन्दी में कॉन फ़िल्म फ़ेस्टिवल की रिपोर्टिंग करने के कारण मिली थी। हिन्दी में रिपोर्टिंग करने वाले पत्रकारों को भारत के अन्तरराष्ट्रीय फ़िल्म समारोह गोवा में जो उपेक्षा और अपमान सहना पड़ता है, वह शर्मनाक तो है ही, अन्यायपूर्ण भी है। मुझे याद है जब 2006 में मैं जनसत्ता के लिए रिपोर्टिंग करने गोवा पहुँचा था तो हमारे अख़बार को इस क़ाबिल भी नहीं समझा गया कि हमें उद्घाटन समारोह का आमन्त्रण दिया जाये। मैंने प्रेस इनफॉर्मेशन ब्यूरो के अफ़सरों के सामने ख़ूब विरोध जताया। अपने सम्पादक को फ़ोन किया। उन्होंने नीलम कपूर से बात करने को कहा जो उस समय पी. आई. बी. की महानिदेशक थीं।

उनके आदेश पर मुझे आमन्त्रण पत्र मिला। भारत सरकार के सूचना और प्रसारण मन्त्रालय के अधीन फ़िल्म समारोह निदेशालय की किसी गतिविधि या जूरी आदि में आमतौर पर हिन्दी के फ़िल्म पत्रकारों को शामिल नहीं किया जाता। इसलिए यहाँ कॉन फ़िल्म समारोह ने मेरे जैसे हिन्दी के पत्रकार को जो मान–सम्मान दिया, वह मेरे लिए अप्रत्याशित था।

मैं हिन्दुजा बन्धुओं के डिनर के बारे में लगभग भूल–सा गया था। दूसरे दिन यानी शनिवार 20 मई, 2017 को जैसे ही मैं अपने लिखने के काम से मुक्त हुआ, मैंने अपना ई–मेल चेक करते हुए देखा कि पेरिस की गाब्रिएल ब्रेनेन का एक मेल आया हुआ है जो कि हिन्दुजा बन्धुओं के डिनर का आमन्त्रण है। यह आमन्त्रण तो प्रकाश पी हिन्दुजा के सहयोगी मुझे कल ही दे चुके थे। इसे दोबारा पढ़ते हुए मैं इस बात से चौंक गया कि यह आयोजन गाब्रिएल ब्रेनेन की संस्था 'एक्स्ट्रावगांट इंडिया– इंटरनेशनल इंडियन फ़िल्म फ़ेस्टिवल, पेरिस' के संयुक्त तत्त्वावधान में है। ऐसा कैसे हो सकता है। बाद में मुझे मारियान बोर्गो ने बताया था कि कॉन में जो आदमी हिन्दुजा समूह का यह सब काम देखता था, वह अचानक नौकरी छोड़कर चला गया। ऐसी हालत में हो सकता है कि गाब्रिएल ब्रेनेन और उनके सहयोगी इस शर्त पर इस आयोजन का समन्वय करने को राज़ी हुए हों कि आमन्त्रण पत्र पर उनका और उनकी संस्था का नाम छपेगा और उन्हें भी बराबर का श्रेय दिया जायेगा। मुझे बाद में पता चला कि हिन्दुजा परिवार की दिलचस्पी कभी भी श्रेय लेने में नहीं रही है। ये लोग बस अच्छे काम करने में विश्वास करते हैं। इसलिए उन्होंने गाब्रिएल ब्रेनेन की यह शर्त मान ली होगी। गाब्रिएल ब्रेनेन को मैं पहले से जानता था। वे मुम्बई के फ़िल्मकार रमेश टेकवानी के साथ मिलकर पेरिस में भारतीय सिनेमा के लिए बहुत उम्दा काम करती रही हैं। वे पेरिस से बाहर नदी में एक जहाज़ किराये पर लेकर फ्रांस के नौजवान फ़िल्मकारों को प्रोत्साहित करने के लिए एक आयोजन करती हैं जिसमें उनकी फ़िल्में दिखायी जाती हैं और उन पर चर्चा होती है। मैं भी मारियान बोर्गो और अंजु बाला प्रोब्स्त के साथ वहाँ जा चुका हूँ। तभी मारियान बोर्गो का फ़ोन आया। उन्होंने पूछा कि क्या मुझे हिन्दुजा बन्धुओं के डिनर का आमन्त्रण मिला है। मैंने हाँ कहा। मारियान बोर्गो से मेरी पहली मुलाक़ात बर्लिन के बाबीलोन सिनेमा में अगस्त, 2012 में आयोजित इंडियन फ़िल्म फ़ेस्टिवल में हुई थी जहाँ मनोज श्रीवास्तव ने मुझे अपनी जगह फ़ेस्टिवल डायरेक्टर के तौर पर भेजा था। मैं इटैलियन मूल की उनकी एक दोस्त अभिनेत्री काया बरनेट को प्रभावित करने की कोशिश कर रहा था। इस समय काया का तो मेरे जीवन में कोई अता–पता नहीं पर मारियान बोर्गो 2014 से ही मेरी फ्रेंड फिलॉसफ़र और गाइड हैं। मैं गोवा में भी उनके यहाँ ठहर चुका हूँ। यह एक अलग क़िस्सा है। पेरिस में मैं उन्हीं के यहाँ ठहरता हूँ। उनका क़िस्सा फिर कभी। मेरे दिमाग़ में तुरन्त एक आइडिया आया। मारियान तो टैक्सी में जायेंगी ही,

क्यों न उन्हीं के साथ हो लिया जाये और वापसी में वह मुझे कहीं भी बीच रास्ते में अपनी टैक्सी से उतार देंगी तो मैं वहाँ से पैदल ही अपने अपार्टमेंट तक चला जाऊँगा। बस एक ही डर था कि वह कहीं यह न कह दें कि मैं तो अपनी साइकिल से जाऊँगी। दरअसल, वह जिस कोठी में ठहरी हुई हैं वह फ़ेस्टिवल की मुख्य जगह से चार–पाँच किलोमीटर दूर है और वह रोज़ वहाँ से अपनी साइकिल से ही फ़ेस्टिवल में आती जाती हैं। वह कहीं भी सड़क किनारे किसी खम्भे से अपनी साइकिल टिका कर चल देती हैं क्योंकि यहाँ चोरियाँ बहुत कम होती हैं। पर मुझे लगा कि मारियान बोर्गो जैसी अति सम्भ्रान्त महिला हिन्दुजा बन्धुओं के विला पर डिनर के लिए साइकिल से तो नहीं ही जायेंगी। मैंने मारियान से पूछा कि यदि वह डिनर में जा रही हैं तो क्या मैं भी उसके साथ कार या टैक्सी में चल सकता हूँ? उन्होंने तुरन्त हाँ कहा और अपनी कोठी का पता दिया–5 रूई डु गोल्फ जुआन। उन्होंने यह भी कहा कि फ़ेस्टिवल से आठ नम्बर की पाम बस उनकी कोठी के पास उतार देगी। मेरे लिए यह अब सम्भव नहीं था कि मैं अपने कमरे पर जाकर कपड़े बदलकर और नहा–धोकर मारियान बोर्गो की कोठी पर जाऊँ। मुझे अपने सीनियर्स की सीख याद आयी कि पत्रकारों और रिपोर्टरों के लिए कोई ड्रेस कोड नहीं होता। मैंने आठ नम्बर की बस पकड़ी और अन्दाज़ से वहाँ उतर गया जहाँ की निशानदेही मारियान बोर्गो ने करायी थी। मुझे ज़्यादा भटकना नहीं पड़ा। वहाँ पहुँचकर मैंने देखा कि दो औरतें पहले से ही मौजूद थीं जिन्हें डिनर में जाना था।

हिन्दुजा बन्धुओं के विला पाराडाइज़ पर जब हम पहुँचे तो मेन गेट पर ही टैक्सी से उतरना पड़ा। मेन गेट पर दरबान ने झुककर हमें सलाम किया। एक लम्बे लान से गुज़रते हुए हम एक और मुख्य दरवाज़े पर पहुँचे जहाँ एक आदमी आमन्त्रित अतिथियों के नाम चैक कर रहा था और लिस्ट में टिक करने के बाद ही भीतर जाने दे रहा था। जब मेरी बारी आयी तो वह असमंजस में पड़ गया क्योंकि उसे लिस्ट में मेरा नाम नहीं मिल रहा था। तभी किसी ने आवाज़ लगायी कि इन्हें जाने दिया जाये, शायद गाब्रिएल ब्रेनेन ने। उसने विनम्रता से कहा–प्लीज़ वेलकम। जब हम विला पाराडाइज़ में प्रवेश करते हैं तो दाहिने ओर कांसे की बनी तीन फ़ीट की गणेश की प्रतिमा हमारा ध्यान आकर्षित करती है। बाद में मैंने गणेश की ऐसी ही भाव्य प्रतिमा हिन्दुजा बधुओं के लनदन वाले घर में भी देखी। बहरहाल, एक बड़े बरामदे को पार करके मैं पार्टी वाली जगह पर पहुँचा जहाँ क़रीब दो सौ औरत–मर्द पहले से ही जमा थे। एक बड़े से लान और उसके बीच में स्विमिंग पूल के चारों ओर लोग जमा थे। कुछ लोग ऊपर बरामदे में भी थे। प्रकाश हिन्दुजा ने मेरा गर्मजोशी से स्वागत किया। उन्होंने मुझसे पूछा, ''गोपी से मिलेंगे? आइए मिलवाता हूँ।''

मैंने कहा, ''कौन गोपी?''

उन्होंने कहा, ''अरे गोपी, मेरे बड़े भाई गोपीचन्द हिन्दुजा।''

मैंने झट से कहा, ''हाँ हाँ, मिलवाइए।''

वे मेरा हाथ थामकर गोपीचन्द हिन्दुजा के पास ले गये। उन्होंने बिना सोचे–समझे मेरा परिचय कराते हुए कहा, ''ये मिस्टर अजित राय हैं। भारत के सबसे बड़े फ़िल्म पत्रकार हैं। नवभारत टाइम्स, मुम्बई से आये हैं।''

मैं और गोपीचन्द हिन्दुजा आमने–सामने थे। एक क्षण के लिए ऐसा लगा जैसे समय ठहर गया हो। हम एक–दूसरे को देखे जा रहे थे। उन्होंने मेरे दोनों कन्धों को थपथपाते हुए कहा, ''गॉड ब्लेस यू।'' मैंने बिना वक़्त गँवाये उनसे लन्दन में मिलने का वादा ले लिया। उन्होंने अपनी निजी सचिव शर्मिली का फ़ोन नम्बर दिया। यह देखकर मैं दंग रह गया कि उन्हें सारे फ़ोन नम्बर ज़बानी याद हैं। तभी मंच से उनका नाम पुकारा गया।

भुवन लाल मंच संचालन कर रहे थे।

गोपीचन्द हिन्दुजा ने औपचारिक स्वागत के बाद कहना शुरू किया कि कैसे उन्होंने क़रीब बारह सौ हिन्दी फ़िल्मों को दुनिया भर में प्रदर्शित किया और एक फ़िल्म में भी घाटा नहीं हुआ। उनका इरादा है कि भारतीय फ़िल्में सारी दुनिया पर राज करें और एक दिन हॉलीवुड को पछाड़ दें। उन्होंने भारतीय फ़िल्मों के विश्व बाज़ार में वर्चस्व की परियोजना पेश की। उन्होने राज कपूर की 'संगम' की दुनिया भर में सफलता का हवाला दिया कि 1964 में कोई सोच नहीं सकता था कि कोई हिन्दी फ़िल्म लन्दन में दो सप्ताह तक चल जायेगी और मुनाफ़ा कमायेगी। ईरान और मिस्र (इजिप्ट) में तो 'संगम' तीन–तीन साल चली। क़रीब बारह सौ हिन्दी फ़िल्में प्रदर्शित कर चुके गोपीचन्द हिन्दुजा ने कहा कि हम मिलकर काम करें तो हम हॉलीवुड को पछाड़ देंगे। उन्होंने कहा कि यह दुखद है कि हर साल भारत में तेरह सौ फ़िल्में बनती हैं पर सिनेमा के विश्व बाज़ार में हमारी भागीदारी नगण्य है। आज भी फ्रांस में सत्यजित राय को ही जाना जाता है। उनके बाद के भारतीय सिनेमा को यहाँ उतना महत्त्व और बाज़ार नहीं मिला, जितना मिलना चाहिए। उन्होंने कहा कि कला सिनेमा में भारतीय सम्भावनाओं को फिर से बहाल करने की ज़रूरत है। फ्रेंच फ़िल्मकारों को ज़्यादा से ज़्यादा भारतीय फ़िल्म निर्माण में लगाया जाना चाहिए जिससे हमारे कला सिनेमा को यहाँ जगह मिल सके।

मैं मन्त्रमुग्ध होकर उन्हें सुन रहा था। कैसे बना हमारा बॉलीवुड? कैसे मिली हिन्दी फ़िल्मों को वैश्विक पहचान? आज हमारी फ़िल्में दुनिया भर में अच्छा बिज़नेस कर रही हैं। यह इसलिए सम्भव हुआ क्योंकि आज से क़रीब पैंसठ साल पहले हिन्दुजा बन्धुओं ने इसकी शुरुआत ईरान से की थी और धीरे–धीरे वे हिन्दी सिनेमा को सारी दुनिया में लेकर गये। मेरे सामने भारतीय सिनेमा के इतिहास के अलिखित पन्ने खुल रहे थे जिसके बारे में आमतौर पर लोग नहीं जानते हैं। मेरे मन में एक विचार आया कि क्यों न इस पर एक किताब लिखी जाये, बारह सौ हिन्दी फ़िल्मों की वैश्विक और सांस्कृतिक यात्रा। मैंने किताब लिखने का निर्णय ले लिया था।

कॉन फ़िल्म फेस्टिवल में हिन्दुजा बन्धुओं के घर विला पाराडाइज़ में डिनर पार्टी।

मैंने देखा पार्टी रंगीन हो चली है। गोपीचन्द हिन्दुजा ने जेट एयरवेज़ के मालिक नरेश गोयल से कहा कि कॉन फ़िल्म फेस्टिवल आने के लिए भारत से कोई सीधी फ्लाइट नहीं है। उन्हें कम–से–कम एक विशेष फ्लाइट इस फेस्टिवल के दौरान मुम्बई से नीस तक की शुरू करनी चाहिए। तभी मैंने देखा कि पेरिस में बसे भारतीय फ़िल्मकार विजय सिंह आ गये। फ्रांस में भारत के राजदूत मोहन कुमार और ढेर सारे लोगों के बीच हिन्दुजा बन्धुओं के एक रिश्तेदार संजय जुमानी मुझे पकड़कर एक ओर ले गये जहाँ सोमरस का काउंटर था। मेरी बाँछें खिल गयीं। स्काटिश स्कॉच का काउंटर बिल्कुल ख़ाली था। अधिकतर लोग वाइन और बियर पी रहे थे। मैं स्कॉच पर टूट पड़ा। जमकर चावल–दाल और बैंगन की सब्ज़ी खायी। जब मुझे होश आया तो देखा कि स्विमिंग पूल के किनारे मैं और संजय जुमानी सोमरस से सराबोर हैं। रात के बारह बज चुके थे और केवल हम ही बचे थे। बाक़ी सारे मेहमान जा चुके थे। तभी मैंने देखा कि प्रकाश जी आ रहे हैं। उन्हें लग गया कि मैं अब अकेले जाने की हालत में नहीं हूँ। उन्होंने संजय जुमानी से कहा कि वे मुझे मेरे अपार्टमेंट तक कार से छोड़ आये। आधी रात को संजय जुमानी ने अपनी एक छोटी–सी खिलौना जैसी कार में बिठाया और हम चल पड़े। मेन गेट के बाहर आकर उन्होंने मुझसे मेरे अपार्टमेंट का पता पूछा। मैं आधी नींद में था। मैंने बड़ी मुश्किल से बोला 163, बुलेवार्ड डे ला रिपब्लिक। संयोग अच्छा था कि पहाड़ी से उतरते ही मुझे अपना रास्ता याद आ गया। जिन रास्तों पर आप लगातार पैदल चलते हैं वे रास्ते आपको पहचान लेते हैं। कमरे पर आकर मैंने हमेशा की तरह भारतीय अख़बारों में छपी अपनी ख़बरों को

चैक किया और गूगल पर टाइप किया 'गोपीचन्द हिन्दुजा।' अरे यह क्या? गूगल बता रहा था कि मैं जिस गोपीचन्द हिन्दुजा से मिलकर आ रहा हूँ वे इंग्लैंड के सबसे अमीर आदमी हैं। मैंने तब तक हिन्दुजा बन्धुओं का केवल नाम सुना था। मुझे उनकी अमीरी के बारे में कुछ भी नहीं पता था। याद आया 'इंडिया टुडे' के सबसे प्रभावशाली लोगों पर छपने वाले सालाना विशेषांकों में ज़रूर हिन्दुजा बन्धुओं का ज़िक्र होता था। उनकी सहजता और विनम्रता का मैं क़ायल हो चुका था। मैंने ठान लिया कि सिनेमा के इस अलिखित इतिहास को मैं ज़रूर लिखूँगा।

2

ब्रिटेन का सबसे अमीर आदमी मेरे साथ मुम्बई की सड़कों पर एक साधारण ऑटो रिक्शा में सफ़र कर रहा था

लन्दन में उस दिन बहुत गर्मी पड़ रही थी। गर्मी ने पिछले चालीस सालों का रिकॉर्ड तोड़ दिया था। तारीख़ थी बुधवार, 21 जून, 2017। उस साल का सबसे लम्बा दिन। लन्दन के ट्रफलगर स्क्वायर अंडरग्राउंड (मेट्रो स्टेशन) से बाहर निकल कर टहलता हुआ जब मैं हिन्दुजा उद्योग समूह के ऑफ़िस न्यूजीलैंड हाउस (80 हे मार्केट, लन्दन SW1 Y4TE) पहुँचा तो शाम के पौने पाँच बजने वाले थे। बड़े भाई तेजेन्द्र शर्मा ने मुझे ठीक से समझा दिया था कि मैं हैरो एंड वील्डस्टोन रेलवे स्टेशन से ट्रफलगर स्क्वायर कैसे पहुँच सकता हूँ। मुझे पाँच बजे हिन्दुजा समूह के को–चेयरमैन श्री गोपीचन्द परमानन्द हिन्दुजा से मिलना था। मैंने रिसेप्शनिस्ट को अपना नाम बताया तो उस तरफ़ से तुरन्त एक नौजवान बाहर आया और उसने मुझे अपने साथ आने को कहा। वह एक विशेष लिफ्ट से मुझे चौदहवीं मंज़िल तक छोड़ गया। यह लिफ्ट बीच में किसी मंज़िल पर नहीं रुकती थी। ऊपर पहुँचने पर एक और रिसेप्शन था। वहाँ की रिसेप्शनिस्ट मुझे वेटिंग रूम में ले गयी जहाँ मुझे शानदार भारतीय चाय नाश्ता परोसा गया। थोड़ी देर बाद मुझे गोपीचन्द हिन्दुजा के कमरे में ले जाया गया। मैंने उनके पैर छुए तो वे घबराकर बोले–

"अरे नहीं यार, पैर नहीं छूते। ये इंडिया नहीं यू के है।"

मैंने कहा–"यू के आपके लिए होगा, मुझे तो यह इंडिया ही लग रहा है।"

औपचारिक बातों के बाद हमारी मुख्य बातचीत शुरू हुई जिसके लिए मैं यहाँ आया था। मैंने कहा–"हिन्दुजा बन्धुओं ने भारतीय सिनेमा के लिए जो किया है,

उसे हमारी नयी पीढ़ी नहीं जानती और पुरानी पीढ़ी भी लगभग भूल चुकी है। उस स्वर्णिम इतिहास को लिखना ज़रूरी है। लोगों को पता चलना चाहिए कि यह बॉलीवुड कैसे बना? आज हमारी फ़िल्में दुनिया भर में अच्छा बिज़नेस कर रही हैं, लेकिन इसकी शुरुआत तो आज से क़रीब साठ–पैसठ साल पहले आप लोगों ने की, इसका रास्ता तो आपने दिखाया।''

मैंने यह भी साफ़ कर दिया कि मैं यह किताब हिन्दी में लिखूँगा। मैंने आगे कहना ज़ारी रखा–''इसके पीछे कई वजहें हैं। पहली कि कॉन फ़िल्म फ़ेस्टिवल में मैंने इतनी इज़्ज़त और महत्त्व हिन्दी में ही लिखकर हासिल किया है। हिन्दी मेरी मातृभाषा है। भारत के प्रधानमन्त्री, राष्ट्रपति, लोकसभा अध्यक्ष और लगभग सारा मन्त्रिमण्डल हिन्दी पढ़ता है। हम हिन्दी सिनेमा की वैश्विक यात्रा पर लिखने जा रहे हैं। देश की अधिकांश जनता हिन्दी समझती है।''

मैंने एक और बात कह दी कि आप भी तो अपने लोगों से हिन्दी में बात करते हैं। अंग्रेज़ी तो आप अपने नौकरों–चाकरों से बोलते हैं। आदि–आदि।

कॉन फ़िल्म फ़ेस्टिवल के दौरान समुद्र के किनारे हिन्दुजा बन्धुओं के यॉट परम जमुना के सामने श्रीचन्द, संजय, प्रकाश और गोपीचन्द हिन्दुजा के साथ अमृता सिंह।

उन्होंने अपने सहायक से मुम्बई में आशीष आहूजा से बात कराने को कहा। उन्होंने फ़ोन का स्पीकर ऑन किया और मेरी किताब लिखने की योजना के बारे में बताना शुरू किया। मुझे ऐसा लगा कि आशीष आहूजा हिन्दी को लेकर थोड़े असमंजस में थे। गोपीचन्द जी ने उन्हें आश्वस्त करते हुए कहा कि यार बाद में तुम इस किताब को अंग्रेज़ी, जर्मन, फ़्रेंच किसी भाषा में छपवा लेना। मुझे याद आया कि कॉन में

गोपीचन्द जी और प्रकाश जी से मुलाक़ात के बाद सोमवार, 22 मई, 2017 को मुम्बई से आशीष आहूजा ने मुझे फ़ोन किया था और अपना परिचय देते हुए कहा था कि वे हिन्दुजा समूह में कॉरपोरेट कम्युनिकेशन का काम देखते हैं। उन्होंने पूछा था कि कोई और जानकारी चाहिए तो मैं उनसे ले सकता हूँ। मैंने यह भी स्पष्ट कर दिया कि इसके लिए मुझे हिन्दुजा समूह से कोई पारिश्रमिक या मानदेय नहीं चाहिए। मैंने कहा–"आपका आशीर्वाद ही मेरी पूँजी है।"

गोपीचन्द जी ने मुझे आशीर्वाद देते हुए कहा–"आप बड़े शुभ दिन पर आये हैं। आज साल का सबसे बड़ा दिन है। देखिए बाहर सूरज चमक रहा है। अंग्रेज़ों का सूरज तो डूब चुका है। यहाँ जो चमक दिखाई दे रही है वह हम हिन्दुस्तानियों के कारण ही है। गॉड ब्लेस यू।" उन्होंने मुझे कुछ उपहार दिये जिसमें पारकर की एक क़ीमती क़लम थी जो मेरे लिए सबसे महत्त्वपूर्ण थी।

कॉन फ़िल्म फ़ेस्टिवल के दौरान हिन्दुजा बन्धुओं के प्रीतिभोज में देव आनन्द के साथ श्रीचन्द हिन्दुजा।

मैंने न्यूजीलैंड हाउस की चौदहवीं मंज़िल से लन्दन पर एक विहंगम दृष्टि डाली। मुझे यहाँ से लन्दन ऐसा दिखा जैसे हम भारतीयों के क़दमों के नीचे हों। जिस ब्रिटिश राज में कभी सूरज नहीं डूबता था, उसे एक दिन हम हिन्दुस्तानी ही चलायेंगे। यह विचार ही रोमांचित कर देता है। लन्दन में हिन्दुजा बन्धु आज जिस 12, गार्डन हाउस टेरेस में रहते हैं, वह कभी ब्रिटेन की महारानी विक्टोरिया का घर हुआ करता था। इंग्लैंड के सबसे अमीर इन्सान के साथ लन्दन की वह शाम बड़ी ख़ास थी। श्री गोपीचन्द परमानन्द हिन्दुजा से मिलना और भारतीय सिनेमा पर बातें करना एक ऐसे इतिहास से गुज़रना था जिसे हम भूलते जा रहे हैं। किताब लिखने की बात पर वे राज़ी हो चुके थे। मैंने उनसे पूछना चाहा कि ब्रिटेन की महारानी एलिज़ाबेथ द्वितीय

का बकिंघम पैलेस आप कब ख़रीद रहे हैं। एक साल बाद सेंट जेम्स पार्क और उनके घर के बीच की सड़क पार करते हुए बकिंघम पैलेस की ओर इशारा कर मैंने पूछ भी लिया था कि यह महल आप कब ख़रीद रहे हैं। उन्होंने हँसते हुए कहा था–''तुम बहुत बदमाश हो।'' उनके सबसे छोटे भाई अशोक हिन्दुजा इस घटना के गवाह हैं।

न्यूजीलैंड हाउस की चौदहवीं मंज़िल से नीचे उतरकर मैंने रिसेप्शनिस्ट से ब्राजील के दूतावास का पता पूछा। दरअसल, हमारे एक मित्र राकेश माथुर ने मुझे उस शाम ब्राजील के दूतावास में आयोजित एक रंगारंग कार्यक्रम का आमन्त्रण दिया था और कहा था कि ख़ूब मस्ती कीजिएगा। राकेश माथुर की दिलचस्प ज़िन्दगी के बारे में सांस्कृतिक पत्रकारिता के कुलगुरु विनोद भारद्वाज ने समय–समय पर मुझे काफ़ी कुछ बता रखा था। एक ज़माने में राकेश माथुर मुम्बई से निकलने वाली टाइम्स ऑफ़ इंडिया की सिनेमा की मशहूर पत्रिका 'माधुरी' में काम कर चुके थे और लन्दन की सांस्कृतिक गतिविधियों से गहरे रूप से जुड़े हुए हैं। लन्दन में मुख्यधारा की सांस्कृतिक गतिविधियों से मेरा परिचय राकेश माथुर ने ही कराया था। मुझे पता नहीं क्यों, शुरू से ही ब्राजील की स्त्रियाँ बहुत आकर्षित करती हैं। मुझे ब्राजील का सिनेमा भी बहुत पसन्द है। उस शाम और रात के बारे में फिर कभी। गोपीचन्द जी मुझे छोड़ने लिफ्ट तक आये थे। वहाँ से उनका एक सहायक मुझे छोड़ने नीचे तक आया। मैंने दोनों को धन्यवाद दिया। मैं बेहद ख़ुश था, लेकिन इस मुलाक़ात के पीछे की भी एक कहानी है।

कॉन फ़िल्म फ़ेस्टिवल में गोपीचन्द हिन्दुजा।

पिछले कुछ सालों से ऐसा हो रहा था कि कॉन फ़िल्म फ़ेस्टिवल के समापन के दूसरे या तीसरे दिन मैं और मारियान बोर्गो शाम पाँच बजकर सत्ताईस मिनट की एक सुपरफास्ट

ट्रेन पकड़ते हैं जो कॉन रेलवे स्टेशन से पेरिस जाती है। पेरिस में मारियान बोर्गो के घर में दो–तीन दिन मैं थकान उतारने के लिए केवल सोता हूँ। उनका घर (40 रुई जैसमीन) चार सौ साल पुरानी भव्य इमारत की आठवीं मंज़िल पर एक पैंट हाउस है। जहाँ से 360 डिग्री पर आप पूरे पेरिस को देख सकते हैं। शाम की चाय या वाइन पीते हुए हर घण्टे दो घण्टे बाद ऐफिल टावर की चमकती बत्तियों की रोशनी को देखते हुए मैं अक्सर अपनी फ़न्तासियों में खोया रहता हूँ। फिर शुरू होती है पेरिस की गलियों में रंगबाज़ी। स्ट्रासबर्ग सेंट डेनिस की इंडियन गली में उमेश भट्ट और उनके भांजे श्याम मिश्रा के नमो पूजा रेस्त्राँ में देर रात की मस्ती। उमेश भट्ट ख़ुद में फ्रांस के बारे में एक विश्वकोश हैं। कॉन फ़िल्म फ़ेस्टिवल में अनसर्टेन रिगार्ड खण्ड की जो फ़िल्में छूट जाती हैं, पेरिस के मेडिसी सिनेमा में उन्हें दोबारा देखा जा सकता है। वहाँ से मैं अपने बड़े भाई साहब तेजेन्द्र शर्मा के पास एक–दो महीने के लिए लन्दन आ जाता हूँ। लन्दन से ही कई बार यूरोप के दूसरे देशों में मटरगश्ती होती है। लन्दन आते ही मैंने गोपीचन्द जी की निजी सचिव शर्मिली को फ़ोन किया और अपना परिचय देते हुए कहा कि मुझे उनसे मिलना है। शर्मिली से मेरा परिचय नहीं हुआ था तो ज़ाहिर है उन्होंने मेरे फ़ोन को कोई ख़ास महत्त्व नहीं दिया होगा। उन्होंने मुझे एक सप्ताह या दस दिन के बाद फ़ोन करने को कहा, क्योंकि गोपीचन्द जी कहीं लन्दन से बाहर गये हुए थे। मैं भी अपने मित्र निखिल कौशिक के साथ आयरलैंड और वेल्स के कंट्री साइड घूमने निकल गया। 20 जून की सुबह मैंने शर्मिली को फ़ोन किया तो उन्होंने कहा कि गोपीचन्द जी बहुत व्यस्त हैं और एक सप्ताह बाद ही मिल पायेंगे। मैंने उनसे अनुरोध किया कि वे मेरा सन्देश गोपीचन्द जी तक पहुँचा दें। उसी दिन शाम को किसी प्राइवेट नम्बर से फ़ोन आया जिसमें फ़ोन नम्बर डिस्प्ले नहीं होता है। मैंने फ़ोन उठाया तो उधर से शर्मिली बोल रही थी। उन्होंने कहा–"मिस्टर राय, क्या आप कल शाम पाँच बजे हमारे ऑफ़िस न्यूजीलैंड हाउस आ सकते हैं?" मैंने तुरन्त हाँ कहा और पता लिख लिया। मैं अनुमान लगा सकता हूँ कि जब शर्मिली ने गोपीचन्द जी के सामने मुलाक़ात चाहने वालों की सूची पेश की होगी तो उन्होंने मुझे तुरन्त बुलाने को कहा होगा। इससे पहले राकेश माथुर मुझे डरा चुके थे कि गोपीचन्द जी पत्रकारों को पसन्द नहीं करते। अभी पिछले दिनों उन्होंने 'संडे टाइम्स' और 'बीबीसी' के रिपोर्टरों को इंटरव्यू देने से मना कर दिया था। जब मैंने राकेश माथुर को गोपीचन्द जी के साथ अपनी मुलाक़ात के बारे में बताया तो सहसा उन्हें विश्वास नहीं हुआ। उन्होंने बताया कि संडे टाइम्स ने पिछले दिनों उनकी सम्पत्ति को लेकर आकलन में थोड़ी हेर–फेर कर दी थी और अमीरों की सूची में उन्हें दूसरे नम्बर पर कर दिया था। बाद में अगले आकलन में वे फिर पहले नम्बर पर आ गये थे। इस तरह जो मुलाक़ात एक सप्ताह बाद होनी थी, वह एक दिन में ही हो गयी।

भारत लौटने के बाद जब मैं मुम्बई गया तो 12 सितम्बर, 2017 को 171, एनी बेसेंट मार्ग, वर्ली स्थित हिन्दुजा हाउस में आशीष आहूजा और हिन्दुजा बन्धुओं में

सबसे छोटे अशोक परमानन्द हिन्दुजा से मेरी मुलाक़ात हुई और मुझे यह जानकर ख़ुशी हुई कि ये भी उन्हीं की तरह बहुत हँसमुख और विनम्र स्वभाव के हैं। मुम्बई विश्वविद्यालय में एकेडमी ऑफ़ थियेटर आर्ट्स के निदेशक मंगेश बंसोड ने मुझे विश्व सिनेमा और रंगमंच पढ़ाने के लिए बुलाया था। आशीष आहूजा ने एक बात ज़रूर जाननी चाही कि इस विषय पर क्या इतनी सामग्री मिल पायेगी कि किताब लिखी जा सके। अब तक हम एक सैद्धान्तिक सहमति पर ही पहुँचे थे। आशीष आहूजा ने सुझाव दिया कि मैं किताब का एक विस्तृत लिखित प्रस्ताव दिल्ली जाकर उन्हें भेज दूँ। उन्हें कुछ क़ानूनी औपचारिकताएँ पूरी करनी होंगी। दिल्ली लौटते ही मैं अपने कामों में व्यस्त हो गया। दीपावली को मुझे प्रकाश जी का फ़ोन आया। उन्होंने पूछा कि आशीष आहूजा को अभी तक किताब का प्रस्ताव क्यों नहीं भेजा। मैंने उसी वक़्त एक प्रस्ताव उन्हें मेल कर दिया। वह 19 अक्टूबर, 2017 की तारीख़ थी। फिर बात आयी गयी हो गयी। दो साल बाद अन्ततः आशीष आहूजा की कोशिशों से 26 सितम्बर, 2019 को मुम्बई में मैंने हिन्दुजा हाउस में किताब लिखने के क़ानूनी अनुबन्ध पर हस्ताक्षर किये। मैं यहाँ स्वीकार करता हूँ कि आशीष आहूजा ने मेरी हर तरह से मदद की। नवम्बर–दिसम्बर, 2019 में सुबह–सुबह 'वॉक एंड टॉक' के कई सत्र हुए। 20 मार्च, 2020 को जयपुर और वहाँ से मुम्बई जाने के लिए हवाई जहाज़ का टिकट भी बुक हो गया था। एक दिन अचानक पता चला कि देशभर में सभी सांस्कृतिक गतिविधियाँ स्थगित हो गयीं। कोरोना वायरस का संकट शुरू हो चुका था और कुछ ही दिन बाद सारे देश में लॉकडाउन हो गया, फिर कोरोना की दूसरी लहर आ गयी और मेरा मुम्बई जाना टलता रहा।

मेरे लिए 71वाँ कॉन फ़िल्म फ़ेस्टिवल (8–19 मई, 2018) ऐतिहासिक था। उस साल मैंने फ़िल्म पत्रकारिता में वर्ल्ड रिकॉर्ड बनाया था। कॉन फ़िल्म फ़ेस्टिवल पर बारह दिनों में मेरे 75 आलेख और रिपोर्ट्स भारतीय अख़बारों में छपे थे। शायद ऐसा दुनिया में पहली बार हुआ था कि किसी एक फ़िल्म पत्रकार की एक आयोजन पर बारह दिनों में 75 आलेख छपे हों। मेरा उद्देश्य था कि मुझे ह्वाइट प्रेस कार्ड मिल जाये। उस साल मेरे प्रिय और पसन्दीदा कई फ़िल्मकारों की फ़िल्में ऑफ़िशियल सेलेक्शन में थीं। ईरानी फ़िल्मकार असग़र फरहादी की स्पेनिश फ़िल्म 'एवरीबॉडी नोज़' से 71वें कॉन फ़िल्म फ़ेस्टिवल की शुरुआत हुई थी। विश्व सिनेमा में ख़ुदा माने जाने वाले फ्रेंच फ़िल्मकार ज्याँ लुक गोदार की 'इमेज बुक', जापान के कोरेइडा हिरोकाज़ू की 'शाप लिफ्टर' (इसे उस साल बेस्ट फ़िल्म का पाम डि ओर अवार्ड मिला), चीन के जिया झंके की 'ऐस इज़ प्यूरेस्ट ह्वाइट', पावेल पालिकोवस्की (पोलैंड) की 'कोल्ड वार', स्पाइक ली (अमेरिका) की 'ब्लैकक्लांसमैन' जिन्हें 74वें कॉन फ़िल्म फ़ेस्टिवल (2021)

में जूरी का प्रेसिडेंट बनाया गया है, नदाइन लबाक़ी (लेबनॉन) की 'काफरनौम', रूस में नज़रबन्द किरील सेरेब्रेनिकोव की 'द समर' और ईरान में नज़रबन्द ज़फ़र पनाही की 'थ्री फेसेज़' आदि। अन सर्टेन रिगार्ड में भारत की नन्दिता दास की फ़िल्म 'मंटो' की भी ख़ूब चर्चा थी जिसमें नवाजुद्दीन सिद्दीकी ने मुख्य भूमिका निभायी है। कॉन फ़िल्म फ़ेस्टिवल में नवाजुद्दीन सिद्दीकी का यह सातवाँ साल था।

कॉन फ़िल्म फ़ेस्टिवल में दिखायी जानेवाली इन सभी फ़िल्मों पर प्रकाश हिन्दुजा से मेरी लगातार चर्चा होती रही थी और वे मेरी राय को महत्त्व देते रहे हैं। यह उनका बड़प्पन है। शनिवार, 12 मई, 2018 की शाम मारटिनेज होटल में हमने साथ बितायी थी और उन्होंने मुझे अपने बचपन और जवानी के ढेर सारे क़िस्से सुनाये थे। उन्होंने बताया था कि उनके पिताजी परमानन्द दीपचन्द हिन्दुजा जब विदेश जाते थे तो उस ज़माने में शाकाहारी भोजन मिलना मुश्किल होता था। उनकी माँ जमुना हिन्दुजा ने उन्हें एक जस्ते (अल्युमिनियम) का ऐसा टिफिन बॉक्स दिया था जिसके निचले हिस्से में कोयला जलाकर और ऊपर के बाक़ी हिस्सों में चावल, दाल और सब्ज़ी रखकर बन्द कर दिया जाता था और इस तरह धीमी आँच पर ख़ाना पकता रहता था। उनके पिताजी का मानना था कि मांस, मदिरा और परायी स्त्री से दूर रहना चाहिए। उनका परिवार छुट्टी मनाने किसी पर्यटन स्थल पर नहीं जाता था। ये लोग हरिद्वार और ऋषिकेश जाते थे। प्रकाश हिन्दुजा बताते हैं कि उनके पिताजी हरिद्वार की हर की पैड़ी में सभी भाइयों के गले में डालडा के ख़ाली कनस्तर बाँध कर गंगा में फेंक देते थे जिससे ये लोग तैरना सीख जायें।

रविवार, 13 मई, 2018 की सुबह जल्दी–जल्दी तैयार होकर अपनी नियमित दिनचर्या के अनुसार मैं पहला प्रेस शो देखने ग्रैंड थियेटर लूमिएर में हाज़िर हो गया। उस दिन मेरे प्रिय फ़िल्मकार ज्याँ लुक गोदार की फ़िल्म 'इमेज बुक' का प्रीमियर था और उसके बाद उनकी प्रेस कॉन्फ्रेंस थी। मेरे लिए उनकी प्रेस कॉन्फ्रेंस बहुत महत्त्वपूर्ण थी। उन्होंने स्मार्टफ़ोन के ज़रिये पेरिस के अपने घर से ही प्रेस कॉन्फ्रेंस को सम्बोधित किया। प्रेस कॉन्फ्रेंस के बाद मीडिया लाउंज में अपनी रिपोर्ट लिख ही रहा था कि प्रकाश हिन्दुजा का फ़ोन आया। उन्होंने कहा कि आज शाम सात बजे मारटिनेज होटल में गोपी से मिलना है। मैंने हड़बड़ाकर पूछा कि मारटिनेज होटल में मैं आप लोगों को कहाँ खोजूँगा। उन्होंने कहा कि आप आइए तो सही, हम आपको खोज लेंगे। तब तक मैं हिन्दुजा बन्धुओं और हिन्दुजा समूह के बारे में काफ़ी कुछ अध्ययन कर चुका था। मैंने अपना काम ख़त्म किया और भारतीय पैविलियन आ गया।

मैं ठीक शाम के सात बजे पैदल ही समुद्र किनारे के नज़ारों का आनन्द लेते हुए मारटिनेज होटल पहुँच गया जो फ़ेस्टिवल पैलेस से एक किलोमीटर दूर स्थित है।

वहाँ जब कोई नहीं दिखा तो मैं रिसेप्शन पर गया और अपना नाम बताते हुए पूछा कि हिन्दुजा बन्धुओं का मेरे लिए कोई सन्देश है? रिसेप्शन ब्वॉय ने बड़ी विनम्रता से कहा कि बाहर समुद्र किनारे हिन्दुजा बन्धुओं का जहाज़ (यॉट) है। शायद वे वहीं हों। मैं जैसे ही मुड़ा, एक हिन्दुस्तानी सज्जन मेरे पास आये और उन्होंने बड़ी विनम्रता से हिन्दी में पूछा–''क्या आप अजित राय जी हैं?'' मेरे हाँ कहने पर उन्होंने कहा कि गोपी को आने में थोड़ी देर होगी। आप मेरे साथ आइए। मैं उनके पीछे–पीछे चलने लगा। कई गलियारों को पार करके वे एक लिफ्ट के पास रुके। मैंने देखा लिफ्ट के दोनों ओर हथियार लिए सुरक्षाकर्मी तैनात हैं। हम पहली मंज़िल पर गये तो वहाँ भी हथियार लिए सुरक्षाकर्मी तैनात थे। मेरी समझ में कुछ भी नहीं आ रहा था। हम एक बड़े हालनुमा कमरे में गये। वहाँ हीरों की शानदार नुमाइश चल रही थी। दुनिया भर की मॉडल्स लगभग निर्वस्त्र हीरों के तरह–तरह के गहनों से लदी हुई थीं। हम बाहर टेरेस पर आ गये। जहाँ एक से बढ़कर एक मदिरा से सजी शानदार बार थी। उन्होंने एक मॉडलनुमा सुन्दरी को इशारे से अपने पास बुलाया और मुझसे पूछा कि मैं क्या पीना पसन्द करूँगा। मैंने झट से कहा–''स्कॉच विद आइस एंड वाटर।'' उस सुन्दरी ने आश्चर्य से मेरी ओर देखा और बुदबुदाई–वाटर? मैंने कहा–''यस प्लीज़।'' वह गयी और मेरे लिए स्कॉच का एक बड़ा पेग बना कर ले आयी। मैंने उसे थैंक्स कहा और वह मुस्कराते हुए चली गयी। वे सज्जन मुझसे बातें करने लगे। उन्होंने बताया कि उनका नाम राश्मि मेहता है और वे बेल्जियम की राजधानी ब्रूसेल्स में रहते हैं और हीरे का कारोबार करते हैं। उनका परिवार मूलतः मुम्बई का रहने वाला है। वे मुम्बई के लीलावती हॉस्पिटल के ट्रस्टी हैं। तब मुझे पता चला कि ये अरबपति आदमी हैं और गोपीचन्द जी ने उन्हें मेरी देखभाल के लिए लगाया है। मेरे लिए उन्होंने दूसरे पेग का ऑर्डर दिया और अपने बारे में बताने लगे। उन्होंने बताया कि दुनिया में हीरे का सबसे बड़ा कारोबार ब्रूसेल्स में होता है जिसमें बड़ी संख्या में सिन्धी और गुजराती लोग शामिल हैं। तभी एक फ़ोन आया और उन्होंने कहा कि चलिए गोपी आ गये हैं। नीचे आकर उन्होंने मेरे लिए चॉकलेट ख़रीदा और मुझे देते हुए कहा कि ब्रूसेल्स के चॉकलेट भी दुनिया भर में मशहूर हैं। नीचे रेस्त्राँ में प्रकाश जी, गोपीचन्द जी, संजय जुमानी और कई लोग हमारा इन्तज़ार कर रहे थे। गोपीचन्द जी ने राश्मि मेहता से पूछा कि क्या गिफ्ट दिया। जब उन्हें पता चला कि चॉकलेट तो उन्होंने कहा–''अरे यार, इसकी पत्नी के लिए कोई हीरे का हार दे देते। ''उन्होंने पूछा कि मैं क्या पीऊँगा? मैं दो लार्ज पैग स्कॉच पी चुका था। फिर भी मैंने कहा,'' दूध ''वाली कॉफ़ी।'' लोग हँस पड़े। गोपीचन्द जी ने मेरे लिए कैपाचीनो और अपने लिए बिना दूध, चीनी की एस्प्रेसो मँगायी। सिनेमा के बारे में बातें शुरू हुईं। उन्होंने बताया कि

उन लोगों ने ईरान में दो वजहों से हिन्दी फ़िल्में दिखानी शुरू कीं। पहली यह कि इससे भारतीय संस्कृति का प्रचार होगा और दूसरे भारतीय लोगों का मनोरंजन होगा। वे पुरानी यादों में खो गये और मनोज कुमार की फ़िल्म 'पूरब और पश्चिम' का गाना गुनगुनाने लगे–*"कोई जब तुम्हारा हृदय तोड़ दे, तड़पता हुआ जब तुम्हें छोड़ दे, तब तुम मेरे पास आना प्रिये, मेरा दर खुला है, खुला ही रहेगा तुम्हारे लिए... ।"*

उस साल हिन्दुजा परिवार में या उनके रिश्तेदारी में किसी निकट सम्बन्धी की मृत्यु हुई थी। इसलिए कॉन फ़िल्म फ़ेस्टिवल के दौरान आयोजित होनेवाला भारतीय शाकाहारी व्यंजनों का प्रीतिभोज नहीं आयोजित हुआ। गोपीचन्द जी लन्दन चले गये। जाते–जाते मुझसे कह गये कि इस बार लन्दन आओ तो घर आना। इसके तीन दिन बाद 16 मई, 2018 की सुबह प्रकाश जी ने मुझसे कहा कि शाम को अपने जहाज़ (यॉट) पर वे मेरे लिए एक प्रीतिभोज आयोजित कर रहे हैं जिसमें कुछ विदेशी मेहमान भी होंगे। मेरे सामने फिर वही समस्या कि उनके यॉट पर मैं पहुँचूँगा कैसे? उन्होंने मेरी दुविधा समझ ली। उन्होंने कहा–"आप मारटिनेज होटल पहुँच जाइएगा। वहाँ से मेरा ड्राइवर आपको यहाँ ले आयेगा।" ऐसा ही हुआ। जब मैं उनके यॉट पर पहुँचा तो वहाँ वे मेरा ही इन्तज़ार कर रहे थे। वहाँ कई देशों के फ़िल्मकार, प्रोड्यूसर और उद्योगपति पहले से ही मौजूद थे। प्रकाश जी ने हमेशा की तरह भारत के सबसे महत्त्वपूर्ण फ़िल्म पत्रकार के रूप में सबसे मेरा परिचय करवाया। क़रीब एक घण्टे तक मैं उन विदेशी मेहमानों के सवालों के जवाब देता रहा। एक अंग्रेज़ वेट्रेस आयी और पूछा कि मैं क्या पीना पसन्द करूँगा? मैंने उससे जानना चाहा कि यहाँ क्या मिल सकता है? उसने इशारे से मुझे अपने साथ आने को कहा। हम सीढ़ियाँ उतरकर नीचे तहखाने में गये और उसने बार का दरवाज़ा खोल दिया। मैंने देखा वहाँ एक से बढ़कर एक मदिरा की कई बोतलें थीं। मैंने जानी वाकर ब्लूलेबल पर अँगुली रख दी और ऊपर आ गया। भोज के बाद प्रकाश जी ने अपनी गाड़ी से मुझे मेरे अपार्टमेंट तक छुड़वाया। इस भोज के दौरान वे लगातार बताते रहे कि भारत सिनेमा के क्षेत्र में बहुत आसानी से विश्व शक्ति बन सकता है। उन्होंने यह भी कहा कि जब एस. एम. ख़ान फ़िल्म समारोह निदेशालय के महानिदेशक थे तो कॉन में उन्होंने फ्रांस में सिनेमा की मशहूर संस्था यूनीफ्रांस वालों से उनकी मुलाक़ात करायी थी। उस मीटिंग में मालती सहाय भी थीं। यूनीफ्रांस एक सरकारी ट्रस्ट है जो युवा फ्रेंच फ़िल्मकारों को अच्छी फ़िल्में बनाने के लिए आर्थिक सहायता देता है। देशभर से सरकार को सिनेमा से टैक्स के रूप में जो आमदनी होती है, उसका एक हिस्सा (शायद दस या बीस प्रतिशत) यूनीफ्रांस अनुदान में देता है। प्रकाश जी का कहना था कि भारत सरकार को भी ऐसा ही करना चाहिए। उनका एक सुझाव था और उन्होंने कई बार ये बात

मुझसे कहीं कि जिस जिल जैकब ने कॉन फ़िल्म फ़ेस्टिवल को खड़ा किया है, भारत सरकार को चाहिए कि उन्हें आदर के साथ गोवा फ़िल्म फ़ेस्टिवल में आमन्त्रित करे और भारतीय लोगों को उनसे सीखना चाहिए। जिल जैकब ने कॉन फ़िल्म फ़ेस्टिवल के इतिहास और वर्तमान पर फ्रेंच में एक किताब लिखी है। मारियान बोर्गो ने वह किताब मुझे दिखायी थी। मैं प्रकाश जी को यह नहीं कह सका था कि अभी भारत में जो सरकार है उसकी और सरकारी अफ़सरों की कोई दिलचस्पी इन सब सार्थक कामों में नहीं है। उनका काम रस्म अदायगी भर से चल जाता है। मैंने एक बात पर ज़रूर ध्यान दिया कि प्रकाश हिन्दुजा के पास सिनेमा को लेकर आइडियाज़ और जानकारियों की भरमार है। हर साल की तरह कॉन फ़िल्म फ़ेस्टिवल ख़त्म होने के बाद मैं मारियान बोर्गो के साथ पेरिस आ गया।

पेरिस की सबसे हसीन सड़क शां एलिजे पर टहलते हुए मेरी मित्र अंजुबाला प्रोब्स्त ने सुझाव दिया कि मैं इस बार बस से लन्दन जाऊँ। मुझे भी आइडिया अच्छा लगा। इस तरह मैं फ्रांस और इंग्लैंड के कंट्री साइड को देख सकूँगा। मैं अक्सर पेरिस से लन्दन ट्रेन और हवाई जहाज़ से जाता रहा हूँ। अंजु ने ही टिकट बुक किया और वह रास्ते के लिए आलू पराँठे लेकर आ गयी। मुझे ज़मीन पर दो देशों का बॉर्डर पार करने में बड़ा रोमांच होता है। मैं यह देखना चाहता था कि समुद्र के भीतर से बस कैसे इंग्लिश चैनल को पार करके लन्दन पहुँचती है। यह वही बॉर्डर है जिसे पार करने की कोशिश में असंख्य लोग मारे जा चुके हैं। इंग्लैंड और फ्रांस के बीच पिछले चार सौ सालों से दुश्मनी रही है। इस बॉर्डर पर कई फ़िल्मों की शूटिंग हुई है। यही सब सोचते हुए मुझे नींद आ गयी।

जब मेरी आँख खुली तो मैंने पाया कि मेरी बस एक रेड लाइट पर रुकी है और बाहर एक जनरल स्टोर पर टेप बज रहा है और मेंहदी हसन साहब गा रहे थे– *"दुनिया किसी के प्यार में जन्नत से कम नहीं।"* मेरा मन रोमांटिक हो आया और मेरी आँखों के सामने अपने इश्क़ की बेशुमार यादें ताज़ा हो गयीं। मुझे लगा कि लन्दन आ गया है। यह दुकान किसी लाहौरी (पाकिस्तानी) की होगी जहाँ से मेंहदी हसन साहब के गाने की आवाज़ आ रही थी। मैंने अंजुबाला प्रोब्स्त की सलाह मान कर ठीक ही किया। यह बस लन्दन में विक्टोरिया बस स्टेशन पर उतारती है। मेरे पास दो–दो भारी भरकम सूटकेस, दो थैले और एक हैंड बैग था। इतने सामान को लेकर टहलते हुए विक्टोरिया अंडरग्राउंड मेट्रो स्टेशन तक जाना काफ़ी मुश्किल भरा था। पेरिस में मारियान बोर्गो के घर से लन्दन की बस पकड़ने के लिए मैंने टैक्सी कर ली थी। विक्टोरिया से मुझे ट्रेन लेकर हैरो एंड वील्डस्टोन जाना था। इतने सामान के साथ बीच में एक जगह ट्रेन बदलनी थी। तेजेन्द्र भाई साहब ने साफ़–साफ़ लिखकर

सब कुछ समझा दिया था। हैरो एंड वील्डस्टोन पहुँच कर मैंने देखा कि उन्होंने एक टैक्सी कर रखी है जिसने केवल पाँच पाउंड में मुझे उनके घर, 33ए स्पेंसर रोड पहुँचा दिया। रात के ग्यारह बज चुके थे। मेरे जीवन में तेजेन्द्र शर्मा और जकीया ज़ुबैरी का आना किसी चमत्कार से कम नहीं है। इस पर कभी अलग से किताब लिखूँगा। आज सारी दुनिया मेरे क़दमों के नीचे है, यह सब सिर्फ़ तेजेन्द्र शर्मा जैसे बड़े भाई साहब के कारण है। सबसे पहले 2007 में उन्होंने ही मेरे लिए दुनिया की पहली खिड़की खोली थी। उनसे और काउंसलर जकीया ज़ुबैरी से मेरी पहली मुलाक़ात 17 जनवरी, 2007 को इंडियन हाई स्कूल में आयोजित खाड़ी देशों के दूसरे विश्व हिन्दी सम्मेलन में हुई थी। रात ढल रही थी और मेरे सामने हिन्दी सिनेमा के उस गौरवशाली इतिहास के पन्ने चमक रहे थे जिससे बॉलीवुड का निर्माण हुआ था। वह सोमवार 28 मई की सपनीली रात थी। मैंने सुप्रसिद्ध हिन्दी लेखक कमलेश्वर की किताब 'मुम्बई रात की बाँहों में' को याद करते हुए सोचा कि एक दिन मैं भी एक किताब लिखूँगा 'लन्दन रात भर।'

देव आनन्द और श्रीचन्द हिन्दुजा।

लन्दन में अगला एक सप्ताह राकेश माथुर के साथ कला, संस्कृति और साहित्य की दुनिया में बीता। ब्रिटिश लाइब्रेरी में जयपुर लिटरेचर फ़ेस्टिवल, अरुन्धति रॉय और लन्दन स्कूल ऑफ़ इकोनॉमिक्स में शशि थरूर के व्याख्यान, एशिया हाउस में रिसेप्शन, भारतीय उच्चायोग में हाई कमिश्नर से मुलाक़ात, ब्रिटिश संसद के उच्च सदन हाउस ऑफ़ लार्ड्स में कई सांसदों से भारत की राजनीति और सिनेमा पर बातचीत, निखिल कौशिक के साथ ईस्टबोर्न में आबिद गुलज़ार की संगत और प्रकाश हिन्दुजा के फ़ोन का इन्तज़ार। जून की आठ तारीख़ को प्रकाश जी का फ़ोन आया

कि मैं कल सुबह ठीक आठ बजे बकिंघम पैलेस के पास सेंट जेम्स पार्क में आ जाऊँ। उन्होंने बताया कि वे, गोपीचन्द जी और बहुत सारे दोस्त–मित्र एक घण्टा वहीं टहलते हैं। उन्होंने मुझे कैंटीन के पास इन्तज़ार करने को कहा। दूसरी सुबह मैं जल्दी–जल्दी तैयार होकर बड़ी मुश्किल से सेंट जेम्स पार्क की कैंटीन तक पहुँचा, पर मुझे एक घण्टा देर हो चुकी थी। मैंने उन्हें फ़ोन किया। उन्होंने मुझसे कहा कि घर आ जाइए। मैं भटकता हुआ उनके घर के पास ही चक्कर लगा रहा था और उनका घर नहीं मिल रहा था। तभी मैंने देखा कि प्रकाश जी मुझे खोजते हुए बाहर आये और 13–16 कार्लटन हाउस टैरेस ले गये, जहाँ हिन्दुजा बन्धु रहते हैं। यह घर पहले ब्रिटेन की महारानी विक्टोरिया का था। इस भवन के बाहर महारानी विक्टोरिया की एक संगमरमर की आदमकद प्रतिमा लगी हुई है। भवन के भीतर प्रवेश करते ही सामने लक्ष्मी, गणेश और सरस्वती की प्रतिमाएँ स्थापित हैं जहाँ दिया जलता रहता है। वे मुझे भीतर के कमरे में ले गये जो एक तरह से गोल्डन रूम है जहाँ एक विशाल टेबल पर सोलह लोग एक साथ नाश्ता कर सकते हैं। यह मकान हर तरह से गोल्ड डिजाइन में सजाया गया है। दीवारें, फ़ोटो फ्रेम, कुर्सी टेबल और सारी चीज़ें देखने पर लगता है कि वे सोने से जड़ी हुई हैं। उन्होंने मुझे बड़े प्यार से भारतीय शाकाहारी सात्विक चाय–नाश्ता कराया। तभी गोपीचन्द जी भी आ गये। मुझे गोपीचन्द जी की उस दिन कही हुई बात आज भी याद है। उन्होंने कहा था–''बेटा, आज मैं सब कुछ ख़रीद सकता हूँ, पर वक़्त नहीं ख़रीद सकता।''

हम सबने तय किया कि जब तक मैं लन्दन में हूँ, रोज़ सुबह आठ से नौ बजे तक एक घण्टा सेंट जेम्स पार्क में गोपीचन्द जी के साथ टहलते हुए हिन्दी सिनेमा की वैश्विक सांस्कृतिक यात्रा पर बातचीत की जायेगी, वॉक एंड टॉक। यह सिलसिला 27 जून, 2018 तक चला।

सुबह चार बजे सोकर उठ जाना हमेशा मेरा सपना रहा है जो आमतौर पर कभी–कभी ही सम्भव हो पाता है। लन्दन में यह रोज़ सम्भव हो जाता था बड़े भाई तेजेन्द्र शर्मा की चाय और बिस्कुट के साथ। वे सुबह की ड्यूटी पर जाने के लिए साढ़े तीन बजे जग जाते। चाय बनाकर वे मुझे चार बजे जगाते। चार बजकर चालीस मिनट पर उनकी टैक्सी आ जाती और वे चले जाते। गोपीचन्द हिन्दुजा जी के साथ सुबह की सैर के लिए मुझे घर से 6.30 पर निकल कर हैरो और विल्डस्टोन रेलवे स्टेशन से 6.56 की बेकरलू लाइन की ट्रेन से पिकेडली सर्कस पहुँचना होता था 7.35 पर। जहाँ से पैदल चलकर 7.50 पर सेंट जेम्स पार्क कैफ़े के बाहर हम मिलते थे। उनके हाथ में एक थैला होता जिसमें ब्रेड के टुकड़े, मूँगफली, चना आदि भरे होते हैं जो हम बत्तखों, कौव्वों, कबूतरों और गिलहरियों को खिलाते। फिर अगले एक घण्टे चार–पाँच किलोमीटर टहलते हुए कैसे बीत जाते, पता ही नहीं चलता। कई बार तो वे अपनी बातों से हँसाते–हँसाते लोट–पोट कर देते हैं। 8.50 पर कैफ़े में हम कॉफ़ी पीते। वे बिना दूध और चीनी की काली एस्प्रेसो कॉफ़ी पसन्द करते हैं।

जबकि मेरे लिए दूधवाली कैपाचीनो और क्रोंसा। ठीक 9.05 पर हम उठ जाते। ब्रिटेन का सबसे अमीर इन्सान इतना विनम्र और प्यारा हो सकता है, मैं सोच भी नहीं सकता। अस्सी साल की उम्र में भी वे मुझसे अधिक फिट और तन्दुरुस्त हैं। रोज़ सैर करते हुए वे पिछले साठ सालों की जो अनकही, अनसुनी कहानियाँ सुनाते हैं, वे बड़ी दिलचस्प होती हैं। राज कपूर की 'संगम' से लेकर अमिताभ बच्चन की 'कुली' तक। बातें करते–करते वे अक्सर पुरानी यादों में खो जाते और गाना गाने लगते। उनका प्रिय गाना है व्ही शान्ताराम की फ़िल्म 'दो आँखें बारह हाथ' का *ऐ मालिक तेरे बंदे हम।* इस सैर में उनके साथ देशों के बिज़नेसमैन के साथ–साथ कई भारत और ब्रिटेन के कई पूँजीपति होते हैं। उनके साथ टहलते हुए मैंने बहुत कुछ सीखा है। कई बातें तो मैं यहाँ लिख भी नहीं सकता। वे बार–बार मुझसे कहते कि तुम तो अंडा और ऑमलेट खाते हो, खाओ। कई बार मेरे लिए घर से भारतीय शाकाहारी नाश्ता मँगवाते। एक बार उन्होंने कहा कि इसे घर ले जाओ और अपने दोस्त तेजेन्द्र शर्मा को भी खिलाना। एक दिन एक युवा ज्योतिषी मिले सन्दीप कोचर। उस दिन भी उन्होंने मेरे लिए आलू पराँठे, सब्ज़ी और सूजी का हलवा बनवाया था। हम उनके घर गये। वहाँ सन्दीप कोचर से उन्होंने भारतीय ज्योतिष के बारे में कुछ जानना चाहा। जब हम चलने लगे तो उन्होंने मेरे खाने का पैकेट मुझे देते हुए कहा–''मेरे ध्यान से उतर गया था। मुझे सन्दीप के लिए भी खाना पैक कराना चाहिए था, लेकिन कोई बात नहीं। मेरी माँ कहती थी कि बेटा जितना भी ख़ाना हो, मिल बाँटकर खाओ। तुम दोनों इसे मिल बाँटकर खाना।'' मैंने सन्दीप कोचर के साथ ट्रफलगर स्क्वायर की एक बेंच पर बैठ कर वह खाना खाया और उसे भी खिलाया। हमारे चारों ओर कबूतर उड़ रहे थे। एक बार गोपीचन्द जी को कहीं जल्दी जाना था। उन्होंने एक सज्जन को कहा कि अजित को अपने साथ ले जाओ और ठीक से इनका ख़याल रखना। मैं जब उनके साथ चलने लगा तो उन्होंने मुझे बहुत सारे क़िस्से सुनाये। पता चला कि वे ब्रिटेन के पाँचवें सबसे अमीर नागरिक और बहुराष्ट्रीय कम्पनी इंडोरामा के चेयरमैन प्रकाश लोहिया हैं। इन मुलाक़ातों में गोपीचन्द जी ने ईरान में हिन्दी सिनेमा की सारी कहानी सुनायी जो अगले अध्यायों में विस्तार से आयेगी। वे मुझसे बार–बार पूछते कि बोल बेटा मैं तुम्हारे लिए क्या कर सकता हूँ। मैं हर बार जवाब देता–''मुझे कुछ नहीं चाहिए। आपका आशीर्वाद ही मेरी पूँजी है।'' एक दिन उन्होंने कहा–''मैंने बहुत तरह के पत्रकार देखे हैं और यह भी सही है कि मैं पत्रकारों को पसन्द नहीं करता पर बेटा तुम पर प्यार आ गया है। मेरे लायक कभी भी कुछ हो तो मुझे ज़रूर बताना।''

गोपीचन्द जी और प्रकाश जी से मुलाक़ातों का सिलसिला चलता रहा। किताब को लेकर उनके मन में बस एक ही संकोच था कि कहीं यह न समझा जाये कि वे मुझसे अपनी तारीफ़ में कुछ लिखवा रहे हैं या अपना प्रचार–प्रसार कर रहे हैं। मैंने उनका सन्देह दूर किया यह कहकर कि जो कुछ भी मैं लिख रहा हूँ, वह सब केवल

एक व्यक्ति के बारे में नहीं है। वह एक सामूहिक इतिहास है जिसमें सब घटित हुआ। इसी तरह एक साल बीत गया।

72वें कॉन फ़िल्म समारोह (14–25 मई, 2019) में हम फिर मिले। इस बार 20 मई, 2019 की सुबह 72 क्रोसेट कैफ़े में नाश्ते पर मैं और गोपीचन्द हिन्दुजा एक बार फिर मिले। दुनिया भर की बातें हुईं और लन्दन में मिलने का वादा। फिर 22 मई की शाम प्रकाश हिन्दुजा जी ने मेरे लिए अपने जहाज़ (यॉट) परम जमुना पर रात्रिभोज का आयोजन किया। इस जहाज़ का नाम परम जमुना हिन्दुजा बन्धुओं ने अपने पिता परमानन्द और माता जमुना के नाम पर रखा है। वह अविस्मरणीय शाम मैं कभी नहीं भूल सकता। इस बार उन्होंने ख़ुद अपनी कार से मुझे मेरे अपार्टमेंट तक छोड़ा। इससे पहले 13 मई, 2019 को लन्दन के अख़बार 'संडे टाइम्स' ने अपने पिछले आकलन को दुरुस्त करते हुए हिन्दुजा बन्धुओं को ब्रिटेन का सबसे अमीर नागरिक घोषित कर दिया था। दुनिया भर के अख़बारों में ख़बरें छपीं–भारतवंशी गोपीचन्द हिन्दुजा तीसरी बार ब्रिटेन के सबसे अमीर बने–संडे टाइम्स (लन्दन) द्वारा ज़ारी सबसे अमीर ब्रिटिश की सूची में हिन्दुजा बन्धु (श्रीचन्द–गोपीचन्द) पहले नम्बर पर हैं। 2014 और 2017 में भी वे पहले नम्बर पर थे। उनकी कुल सम्पत्ति 2200 करोड़ पाउंड (दो लाख करोड़ रुपये) आँकी गयी है। इस बार जब मैं उनसे लन्दन में मिला तो वे बड़े मूड में थे। उन्होंने अपनी पसन्द के कई गाने सुनाये और आशीष आहूजा को फ़ोन करके मेरी किताब लिखने की परियोजना को हरी झण्डी दे दी। एक दिन मेरे कहने पर उन्होंने बोरिस जॉनसन को फ़ोन किया। तब तक वे ब्रिटेन के प्रधानमन्त्री बने नहीं थे, पर बनने वाले थे। उनसे गोपीचन्द जी ने कहा कि जब तुम प्रधानमन्त्री बन जाना तो 10 डाउनिंग स्ट्रीट (प्रधानमन्त्री निवास) में मेरे लड़कों को चाय पिलाना। मैंने ख़ुद अपने कानों से सुना कि बोरिस जॉनसन ख़ुशी–ख़ुशी राज़ी हो गये। इसी तरह उन्होंने बहुत सारी राजनीतिक कहानियाँ सुनायीं। मोरारजी देसाई, श्रीमती इन्दिरा गाँधी, राजीव गाँधी, ज्ञानी जैल सिंह, शरद पवार आदि–आदि से जुड़ी हुईं। दिसम्बर में कई सप्ताह वे और प्रकाश जी मुम्बई में रहे। उस दौरान उनसे रोज़ मेरा मिलना होता रहा। साथ में अशोक हिन्दुजा भी होते थे। हिन्दुजा बन्धुओं की संगत में पहली बार मुझे मुम्बई से इश्क़ होता जा रहा था।

मैं पहली बार 12 अक्टूबर, 1993 को मुम्बई (तब बम्बई) गया था। नरीमन प्वाइंट पर 'इंडियन एक्सप्रेस' के दफ़्तर में 'जनसत्ता' के रविवारी परिशिष्ट 'सबरंग' के सम्पादक और मेरे प्रिय कथाकार धीरेन्द्र अस्थाना से मिला था। सहवास अपार्टमेंट में 'धर्मयुग' के पूर्व सम्पादक धर्मवीर भारती जी से हुई मुलाक़ात मुझे आज तक याद है। उसके बाद लगातार मुम्बई आना–जाना लगा रहा। मेरे मित्र निलय उपाध्याय भी बिहार छोड़कर मुम्बई में बस चुके थे। वामन केन्द्रे जब मुम्बई विश्वविद्यालय के एकेडमी ऑफ़ थियेटर आर्ट्स के निदेशक बने तो वे वहाँ हिन्दी रंगमंच और सिनेमा पढ़ाने के लिए मुझे हमेशा बुलाते रहे। मुम्बई में नौकरी करने और रहने के कई अवसर मैंने

गँवा दिये क्योंकि पता नहीं क्यों एक तो मुम्बई की भीड़ और भाग दौड़ का जीवन मुझे पसन्द नहीं था, दूसरे मुम्बई से मुझे डर लगता था। मैं जब भी मुम्बई जाता वहाँ से जल्दी ही दिल्ली भागने की कोशिश करता।

मैंने 10 दिसम्बर, 2019 को अपनी डायरी में लिखा कि पहली बार मुझे मुम्बई से इश्क़ होता जा रहा है। मैं पहली बार इतने लम्बे समय के लिए मुम्बई में हूँ। मेरे आस–पास इतनी कहानियाँ बिखरती जा रही हैं। गोपीचन्द जी, प्रकाश जी और अशोक जी की कहानियाँ जिसमें हिन्दी सिनेमा के कई अनछुए प्रसंग हैं। हिन्दुजा परिवार के साथ काम करते हुए इस शहर को मुहब्बत की निगाह से देख रहा हूँ। जुहू समुद्र तट पर सुबह की सैर और इस्कॉन मन्दिर में पूजा के बाद हिन्दुजा हाउस में ज़ारी चर्चा में एक नयी दुनिया खुलती जा रही है। प्रकाश हिन्दुजा जी का संग–साथ अद्‌भुत रूप से ख़ुशगवार है। बारह सौ हिन्दी फ़िल्मों की वैश्विक सांस्कृतिक यात्रा पर किताब लिखने का अवसर किसी वरदान से कम नहीं है। मुम्बई से इश्क़ होता जा रहा है। पटना के पुराने मित्र मुकुल आनन्द के ओशीवारा वाले अपार्टमेंट में रंगकर्मी अजय कुमार की देखरेख में हूँ। वहीं लन्दन वाली दिनचर्या फिर से शुरू हो गयी है। सुबह चार बजे उठना, तैयार होकर साढ़े छह बजे हिन्दुजा हाउस परम प्लाजा के लिए निकल जाना और जुहू समुद्र तट पर सात बजे से आठ बजे तक वॉक एंड टॉक। नाश्ता करके नौ बजे वापस। एक दिन तो ग़ज़ब ही हो गया। मैं गोपीचन्द जी, प्रकाश जी और अशोक जी के साथ जुहू तट पर हमेशा की तरह टहलते हुए उन दिनों के संस्मरण रिकॉर्ड कर रहा था। देखते–ही–देखते हमारे साथ और दस–बारह लोग हो गये। गोपीचन्द जी ने सबके सामने अशोक जी से कहा–"अशोक, यदि तुम इजाज़त दो और इन्तज़ाम कर सको तो मैं इन सबको आज घर पर नाश्ता कराना चाहता हूँ।" अशोक जी ने झेंपते हुए कहा कि आपको इजाज़त की क्या ज़रूरत है? आप सबको लेकर घर आइए। हम उस जगह पहुँच गये थे जहाँ हमारी कारें खड़ी रहती हैं। गोपीचन्द जी हम सबको लेकर मुख्य सड़क पर आ गये। उन्होंने देखा कि कारें दो ही हैं और आदमी बारह। उन्होंने मुझसे कहा कि चलो तीन–चार ऑटो रिक्शा कर लेते हैं क्योंकि घर से और गाड़ियाँ मँगाने में बहुत समय लग जायेगा। उन्होंने कुछ लोगों को दो कारों में बिठा कर घर भिजवाया और मेरे साथ ऑटो रिक्शा में बैठकर घर तक आये। ऑटो रिक्शा में बैठे–बैठे मैं एक दूसरे गोपीचन्द हिन्दुजा को देख रहा था। ब्रिटेन का सबसे अमीर आदमी जिसके पास प्राइवेट जेट विमानों की कोई कमी नहीं है, वह मेरे साथ मुम्बई की सड़कों पर एक साधारण ऑटो रिक्शा में सफ़र कर रहा था।

जब राज कपूर को तेहरान के थियेटर से क़ैदियों को जेल ले जानेवाली गाड़ी में बिठाकर बाहर निकाला गया

यह कहानी प्रथम विश्व युद्ध की शुरुआत से शुरू होती है, जब 1914 में तेरह साल का एक जवान होता हुआ बच्चा सिन्ध के अलसाये से शहर शिकारपुर से बम्बई (अब मुम्बई) आता है। उसके पास पाँच हज़ार पुरानी महान सिन्धु घाटी सभ्यता की विरासत है। जब इस धरती पर पहली बार मनुष्यों ने संगठित व्यापार और बैंकिंग का पहला पाठ पढ़ा था। उसका नाम था परमानन्द दीपचन्द हिन्दुजा (1901–1971)। उन्होंने अपनी पत्नी जमुना परमानन्द हिन्दुजा के साथ उस महान हिन्दुजा उद्योग समूह की नींव रखी जो आज सारी दुनिया में मूल्य आधारित बिज़नेस का सबसे बड़ा रोल मॉडल है। उन्होंने व्यापार के पाँच महत्त्वपूर्ण सिद्धान्त बनाये और अपनाये और आजीवन उन सिद्धान्तों पर अडिग रहे। आज सौ साल बाद भी हिन्दुजा उद्योग समूह इन सिद्धान्तों पर चल रहा है–

1. उनका मानना था कि "मेरा धर्म काम करना है इसलिए मैं समाज को वापस कुछ दे सकता हूँ। पहला सिद्धान्त यही है कि ''वर्क टू गिव'' यानी इसलिए काम करना है कि दूसरों को और समाज को कुछ देना है।
2. दूसरा सिद्धान्त है–''वर्क इज़ अ बांड'' यानी हमारे काम पर दुनिया भरोसा करे। लोगों का विश्वास हमारी पूँजी बने।
3. तीसरा सिद्धान्त, ''एक्ट लोकल, थिंक ग्लोबल'' यानी हम चाहे जितने अन्तरराष्ट्रीय हो जायें हमें स्थानीय लोगों का ख़याल रखना चाहिए।

4. चौथा सिद्धान्त, ''पार्टनरशिप फ़ार ग्रोथ'' यानी हमें विकास के लिए आन्तरिक और बाहरी साझेदारी करनी है जिससे हम मिल–जुलकर काम कर सकें।
5. पाँचवाँ सिद्धान्त, ''एडवांस फियरलेसली'' यानी निर्भय होकर आगे बढ़ें। परमानन्द दीपचन्द हिन्दुजा और जमुना परमानन्द हिन्दुजा के पाँच बच्चे हुए। गिरधर परमानन्द हिन्दुजा (1932–1992), श्रीचन्द परमानन्द हिन्दुजा (1935), गोपीचन्द परमानन्द हिन्दुजा, (1940), प्रकाश परमानन्द हिन्दुजा (1945) और अशोक परमानन्द हिन्दुजा (1950)।

प्रथम विश्व युद्ध की समाप्ति के बाद 1919 में परमानन्द दीपचन्द हिन्दुजा ने ईरान की राजधानी तेहरान में अपना व्यापारिक कार्यालय खोला। यह उस समय तक किसी भारतीय उद्योगपति का पहला विदेशी व्यापारिक कार्यालय था। यह बात भी चमत्कृत करती है कि एक 18 साल के हिन्दुस्तानी ने उस समय भारत से बाहर जाकर ईरान जैसे इस्लामी मुल्क में हिन्दुजा उद्योग समूह की नींव रखी। उन्होंने अपने एक भाई को बिज़नेस करने के लिए अफ़ग़ानिस्तान भेजा तो दूसरे भाई को कराची। उधर, उन्होंने अपनी मेहनत और लगन से 1921 में एक करोड़ रुपये कमाये। सहज अन्दाज़ा लगाया जा सकता है कि उस ज़माने में एक करोड़ रुपये की क्या क़ीमत रही होगी। आज 2021 में इस बात के सौ साल हो रहे हैं।

प्रकाश, श्रीचन्द, गोपीचन्द और अशोक हिन्दुजा।

बाद में जब बिज़नेस चल निकला तो परमानन्द हिन्दुजा ने मुम्बई से अपने सबसे बड़े बेटे गिरिधर हिन्दुजा (1932–1992) को तेहरान बुला लिया। उस समय ईरान में बड़ी संख्या में भारतीय काम करते थे। पराया देश था, परायी संस्कृति थी, तो गिरिधर हिन्दुजा ने सोचा कि क्यों न यहाँ हिन्दी फ़िल्में दिखायी जायें जिससे भारतीयों का मनोरंजन हो और हमारी संस्कृति का भी प्रचार–प्रसार हो। गिरिधर हिन्दुजा ने अपने दूसरे भाई श्रीचन्द हिन्दुजा को मुम्बई में इस काम में लगाया। श्रीचन्द के बेटे धरम हिन्दुजा के नाम पर ही करण जौहर

की कम्पनी है धर्मा प्रोडक्शन। करण जौहर के पिता यश जौहर हिन्दुजा बन्धुओं के साथ काम कर चुके थे। कहानी यह है कि यश जौहर विजय आनन्द की नवकेतन फ़िल्म्स में काम करते थे और प्रोडक्शन में भी मदद करते थे। वे नवकेतन छोडकर अपना खुद का फ़िल्म प्रोडक्शन बिज़नेस शुरू करना चाहते थे। उन्होंने श्रीचन्द हिन्दुजा से कुछ आर्थिक मदद की गुजारिश की और श्रीचन्द हिन्दुजा ने तुरन्त उन्हें पैसे दे भी दिये। इसी वजह से उन्होंने अपनी फ़िल्म प्रोडक्शन कम्पनी का नाम श्रीचन्द हिन्दुजा के बेटे धरम हिन्दुजा के नाम पर धर्मा प्रोडक्शन रखा। उन्होंने धर्मा प्रोडक्शन से पहली फ़िल्म अमिताभ बच्चन को लेकर बनाई, वह थी दोस्ताना जो उस ज़माने में सुपरहिट रही और ज़बरदस्त मुनाफ़ा हुआ। इस तरह यश जौहर का बिज़नेस चल निकला।

मुम्बई में उनके सबसे छोटे भाई अशोक हिन्दुजा उनकी मदद करते थे। बाद में उनके दो छोटे भाइयों–गोपीचन्द हिन्दुजा और प्रकाश हिन्दुजा–ने इस काम को सँभाला। श्रीचन्द राज कपूर के मित्र थे। यह भी दिलचस्प है कि परमानन्द हिन्दुजा सिनेमा के बिज़नेस के ख़िलाफ़ थे। वे भी महात्मा गाँधी की तरह मानते थे कि सिनेमा लोगों को बिगाड़ देता है, शराबी, भ्रष्ट और व्यभिचारी बनाता है। उन्होंने अपने सभी बेटों से वचन लिया कि वे सिनेमा का बिज़नेस करते हुए ज़िन्दगी में कभी कोई ग़लत काम नहीं करेंगे और हमेशा शराब, मांस और परायी स्त्री से दूर रहेंगे। हिन्दुजा बन्धुओं ने अपने पिता को दिये वचन को निभाने की हमेशा कोशिश की।

परमानन्द दीपचन्द हिन्दुजा के बड़े बेटे गिरधर परमानन्द हिन्दुजा ने तब सोचा कि ईरान में भारतीय संस्कृति को भी प्रोमोट करना चाहिए। विदेशी धरती पर कुछ ऐसा हो कि हमारी संस्कृति भी आगे बढ़े और कुछ मनोरंजन भी होता रहे। उन्हें लगा कि हिन्दी फ़िल्में इसका माध्यम बन सकती हैं। उस समय राज कपूर की फ़िल्म 'श्री 420' (1955) काफ़ी चल रही थी। हिन्दुजा बन्धुओं ने उसे मिनीमम गारंटी देकर पाँच हज़ार रुपये में ख़रीदा और ईरान में फ़ारसी सब टाइटल के साथ रिलीज़ किया।

परमानन्द हिन्दुजा के साथ राज कपूर एवं अन्य।

जिसे हम हिन्दी सिनेमा का स्वर्ण युग कहते हैं, वह दुनिया भर में हिन्दी फ़िल्मों की वैश्विक सांस्कृतिक यात्रा का भी स्वर्ण युग था। आज हिन्दी फ़िल्में सारी दुनिया में अच्छा बिज़नेस कर रही हैं, लेकिन इसकी बुनियाद 1955 में हिन्दुजा बन्धुओं ने ईरान में रखी थी। ईरान से शुरू हुआ यह सफ़र देखते–देखते सारी दुनिया में लोकप्रिय हो गया। शायद ही आज किसी को यक़ीन हो कि अब से क़रीब पचास साल पहले राज कपूर की फ़िल्म 'संगम' जब फ़ारसी में डब होकर ईरान में प्रदर्शित हुई तो तीन साल तक चली। मिस्र की राजधानी काहिरा में एक साल तक चली। भारतीय उद्योगपति हिन्दुजा बन्धुओं ने 1955 से 1984 तक न सिर्फ़ 'संगम' बल्कि क़रीब 1200 हिन्दी फ़िल्मों को दुनिया भर में प्रदर्शित किया और इस तरह बना 'बॉलीवुड।'

तेहरान के स्टूडियो ईरान के मालिक अली रज़ा की पहली भारत यात्रा के अवसर पर उनका स्वागत। साथ में गोपीचन्द और उनके पिता परमानन्द दीपचन्द हिन्दुजा। स्टूडियो ईरान में हिन्दी की फ़िल्मों का सम्पादन आदि होता था।

तेहरान में राज कपूर की फ़िल्म 'श्री 420' के प्रीमियर का भी बड़ा अजीब क़िस्सा है। बड़ी मुश्किल से श्रीचन्द परमानन्द हिन्दुजा ने राज कपूर को ईरान (तेहरान) चलने पर राज़ी किया। उन्होंने उन्हें उनके चेंबुर स्थित दफ़्तर आर.के. स्टूडियो से अपनी कार में बिठाया और एयरपोर्ट की ओर चले। बीच रास्ते में राज कपूर कहने लगे कि उनके घर में कोई समस्या आ गयी है, वे ईरान नहीं जा सकते। हुआ यह था कि उनके और उस ज़माने की मशहूर अभिनेत्री नरगिस के सम्बन्धों को लेकर उनके परिवार में तनाव पैदा हो गया था। उनकी पत्नी कृष्णा कपूर और राज कपूर के बीच भी तनाव पैदा हो गया था। तब तक वे दो बच्चों के पिता बन चुके थे और उनके लिए यह सम्भव नहीं था या वे ऐसा करने को राज़ी नहीं थे कि कृष्णा कपूर और दोनों बच्चों–रणधीर कपूर और ऋषि कपूर–को छोड़कर नरगिस से शादी कर लें। कपूर ख़ानदान पर बहुचर्चित किताब

'द कपूर्स–द फर्स्ट फैमिली ऑफ़ इंडियन सिनेमा', लिखने वाली मधु जैन ने बीबीसी के रेहान फ़ज़ल को बताया था कि, "नरगिस ने अपना दिल, अपनी आत्मा तो राज कपूर को सौंप ही दी थी, यहाँ तक कि अपना पैसा भी राज कपूर की फ़िल्मों में लगाना शुरू कर दिया। जब आर. के. स्टूडियो के पास पैसों की कमी हुई तो नरगिस ने सोने के अपने कड़े तक बेच डाले। उन्होंने आर. के. फ़िल्म्स के कम होते ख़ज़ाने को भरने के लिए बाहरी प्रोड्यूसरों की फ़िल्मों जैसे 'अदालत', 'घर' 'संसार' और 'लाजवन्ती' में काम किया।"

बाद में राज कपूर ने उनके बारे में एक मशहूर, लेकिन संवेदनहीन वक्तव्य दिया, "मेरी बीवी मेरे बच्चों की माँ है, लेकिन मेरी फ़िल्मों की माँ तो नरगिस ही हैं।"

राज कपूर की पत्नी कृष्णा कपूर ने बनी रूबेन को बताया था कि "नरगिस से अलग होने के बाद कई रातों तक राज कपूर देर रात घर लौटते थे। उन्होंने बहुत शराब पी रखी होती थी। वे अपने टब में लेट कर बुरी तरह से रोया करते थे। मुझे पता था कि वे नरगिस के लिए रो रहे हैं।"

राज कपूर, श्रीचन्द, परमानन्द हिन्दुजा और परिवार के अन्य सदस्य।

बीबीसी के वरिष्ठ पत्रकार रेहान फ़ज़ल लिखते हैं कि शराब से राज कपूर का एक ख़ास रिश्ता हुआ करता था। एक बार राज कपूर के बड़े बेटे रणधीर कपूर ने रेहान फ़ज़ल को बताया था कि राज कपूर हमेशा केवल लन्दन से ख़रीदी हुई 'जॉनी वॉकर' ब्लैक लेबल व्हिस्की पिया करते थे। मधु जैन अपनी किताब 'द कपूर्स–द फर्स्ट फैमिली ऑफ़ इंडियन सिनेमा' में उनके छोटे बेटे ऋषि कपूर के हवाले से लिखती हैं, "राज कपूर अपनी ब्लैक लेबल व्हिस्की पर अपना बहुत अधिकार जताते थे। वे जब पार्टियों में भी जाते थे तो अपनी शराब घर से ले जाते थे। शराब देने में भी वे एक तरह की जाति व्यवस्था का पालन करते थे। लन्दन से ख़रीदी हुई ब्लैक लेबल वे ख़ुद पीते थे और अपने बहुत ख़ास लोगों को ही पिलाते थे।"

मधु जैन आगे लिखती हैं, ''तनुजा उन ख़ास लोगों में से एक थीं। दुबई से ख़रीदी हुई ब्लैक लेबल वे अपने दूसरे दोस्तों के लिए रखते थे और आख़िर में दिल्ली और मुम्बई से ख़रीदी हुई ब्लैक लेबल उनके बेटों के हिस्से में आती थी। रणधीर कपूर को बहुत बुरा लगता था कि तनुजा को तो लन्दन से ख़रीदी हुई व्हिस्की मिल रही है और उन्हें भारत में ख़रीदी हुई।''

रेहान फ़ज़ल लिखते हैं कि राज कपूर बहुत ज़बरदस्त मेहमाननवाज़ थे। जब वे दावत देते थे तो उनकी मेज़ तरह–तरह के व्यंजनों से भरी रहती थी। लेकिन राज कपूर ख़ुद बहुत कम खाते थे। उनका पसन्दीदा भोजन पाव, अंडे और थोड़ी दाल हुआ करती थी। नरगिस से अलग होने के बाद सालों तक वे दिन का खाना नहीं खाते थे और रात को भी जब वे काफ़ी देर से लौटते थे तो सिर्फ़ तले हुए अंडे खाकर सो जाते थे। वे हमेशा अम्बेसडर कार में चला करते थे जबकि उनके पास मर्सिडीज़ भी थी, लेकिन उस पर सिर्फ़ उनकी पत्नी कृष्णा कपूर बैठती थीं।

राज कपूर की यह बात सुनकर कि वे इस समय तेहरान नहीं जा सकते, सब बड़ी मुश्किल में पड़ गये। ईरान में फ़िल्म के प्रीमियर की सारी तैयारी हो चुकी थी। जैसे–तैसे श्रीचन्द जी ने राज कपूर को तेहरान चलने के लिए राज़ी किया। राज कपूर ने ज़िद पकड़ ली कि विमान में श्रीचन्द को उनके साथ शराब पीनी होगी तभी वे ईरान जायेंगे। श्रीचन्द हिन्दुजा शराब नहीं पीते थे। तब ईरान की सीधी उड़ान नहीं थी और कराची (पाकिस्तान) होकर जाना पड़ता था। कराची में विमान बदलना होता था।
कराची तक जाते–जाते राज कपूर इतनी पी चुके थे कि उन्हें सहारा देकर विमान से उतारना पड़ा। श्रीचन्द इसलिए परेशान थे कि राज कपूर को देखने के लिए कराची एयरपोर्ट पर पाकिस्तानियों की भारी भीड़ जमा हो गयी थी। हालाँकि दूसरी सुबह उन्होंने श्रीचन्द से अपने इस व्यवहार के लिए माफ़ी माँगी।

श्रीचन्द और गोपीचन्द हिन्दुजा के विवाह समारोह में राज कपूर।

तेहरान के 'सिनेमा ईरान' में पहली बार 'श्री 420' रिलीज़ हुई। बाद में 'कूचा–ए–लालजार' सिनेमा हॉल में फ़िल्म के प्रीमियर पर भारी भीड़ जुटी थी। राज कपूर नीले सूट और लाल टाई में जब मंच पर आये तो ईरानियों ने समझा कि कोई रूसी आ गया है। फ़िल्म के शो के बाद राज कपूर ईरान में सुपर स्टार बन चुके थे। उन्हें उनकी चाहने वाली भीड़ ने बुरी तरह घेर लिया। भीड़ अनियन्त्रित होने लगी, पुलिस बुलानी पड़ी। उन्हें बड़ी मुश्किल से क़ैदियों को जेल ले जानेवाली बख़्तरबन्द गाड़ी में पीछे से बिठाकर वहाँ से निकाला गया। श्री 420 ईरान में ख़ूब चली। आज यह विश्वास करना मुश्किल है कि तेहरान के हाफ़िज़ सिनेमा में फ़िल्म 'श्री 420' डेढ़ साल तक चली। कम्पनी को काफ़ी मुनाफ़ा हुआ। फिर राज कपूर की पहली फ़िल्म 'आग' (1948) को रिलीज़ किया गया जो कम सफल रही। देवानन्द और गीता बाली की 'बाज़ी' भी ख़ूब सफल रही। यह सिलसिला चल निकला और हिन्दुजा समूह ने क़रीब बारह सौ हिन्दी फ़िल्मों को भारत के बाहर विभिन्न देशों में प्रदर्शित किया और एक फ़िल्म में भी घाटा नहीं हुआ।

उस ज़माने में तेहरान में उच्च वर्ग केवल हॉलीवुड की फ़िल्में देखने जाता था। हॉलीवुड की फ़िल्में केवल चार–पाँच या छह दिन में ही उतर जाती थीं। कारण यह कि उच्च वर्ग की संख्या काफ़ी कम थी। हिन्दी सिनेमा ने आम ईरानी दर्शकों को जोड़ा। शाहबाज़ सिनेमा का मालिक हबीब मलिक हिन्दी सिनेमा का दीवाना हो गया था। बड़ी मुश्किल से वह फ़िल्म उतारने पर राज़ी होता।

सुनील दत्त, उनकी पत्नी नरगिस दत्त,
श्रीचन्द हिन्दुजा और संजय दत्त (गोद में)

ईरान में हिन्दी सिनेमा की अभूतपूर्व सफलता से उत्साहित होकर गिरधर परमानन्द हिन्दुजा ने सोचा कि क्यों न इन्हें फ़ारसी में डब करके रिलीज़ किया जाये।

उन्होंने बम्बई के फ़िल्मिस्तान स्टूडियो से करार किया। अब यह एक नया दौर था। ईरानी दर्शकों के लिए एक तरह से हिन्दी की पूरी की पूरी फ़िल्म का पोस्टमार्टम कर एक नया संस्करण तैयार होने लगा। कई बार तो फ़िल्मों के नाम और डॉयलाग तक बदल दिये जाते थे। मसलन, 'दुर्गेश नन्दिनी' फ़िल्म को ईरान में 'अकबरे हुक्म' नाम से रिलीज़ किया गया। उस समय की लगभग सभी बड़ी फ़िल्मों को ईरान में रिलीज़ किया गया। गिरधर परमानन्द हिन्दुजा ने ईरान की सफलता से प्रेरित होकर जॉर्डन, मिस्र, लेबनान, ग्रीस आदि दूसरे देशों में भी हिन्दी फ़िल्मों को रिलीज़ किया और सफल रहे।

तेहरान में 'मदर इंडिया' के प्रीमियर पर सुनील दत्त और नरगिस आये। उस समय ईरान में नरगिस सुपर स्टार बन चुकी थीं। उनकी एक झलक पाने को ईरानी बेताब थे, जबकि सुनील दत्त को वहाँ कोई नहीं जानता था। जब प्रीमियर पर वे सिनेमा हॉल में आये तो नरगिस को ईरानियों ने घेर लिया और सुनील दत्त को किसी ने पूछा तक नहीं। इससे वे बहुत परेशान हो गये। गिरधर जी ने तब उन्हें अपने साथ बिठाया और उन्हें इधर–उधर की बातों में उलझाये रखा।

कहा जाता है कि राज कपूर की विश्वव्यापी लोकप्रियता की शुरुआत ईरान से हुई। इसका श्रेय हिन्दुजा बन्धुओं को जाता है। यह एक ऐसा इतिहास है जो आज तक कहीं लिखा नहीं गया। इस कहानी का दूसरा हिस्सा तब शुरू होता है जब 'श्री 420' फ़िल्म के ठीक दस साल बाद अक्टूबर, 1964 में ईरान में राज कपूर की उपस्थिति में उनकी अगली फ़िल्म 'संगम' फ़ारसी में डब होकर रिलीज़ होती है।

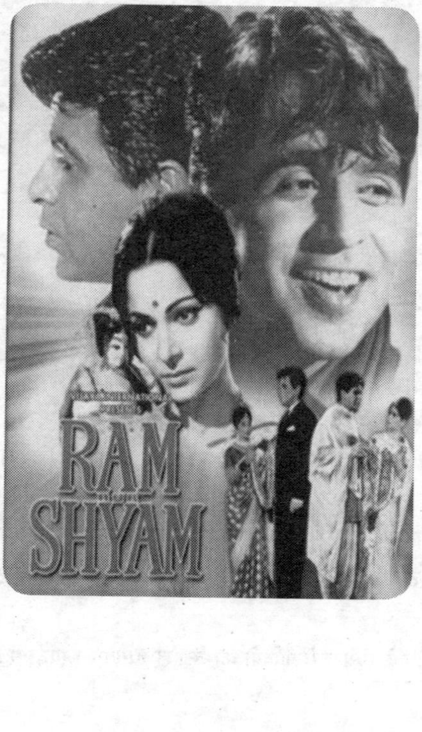

4

तेहरान के हाफ़िज़ सिनेमा में राज कपूर की फ़िल्म 'संगम' तीन साल तक चलती रही

ईरान की राजधानी तेहरान के विश्व प्रसिद्ध सिनेमा म्यूज़ियम में हालीवुड के दिग्गज कलाकारों– एलिज़ाबेथ टेलर और इंग्रीड बर्गमैन की तस्वीरों के बग़ल में राज कपूर, नरगिस और वैजयन्ती माला की तस्वीरें देखकर सहज ही अनुमान लगाया जा सकता है कि एक ज़माने में ईरान में हिन्दी फ़िल्मों का कितना दबदबा था। 'यादों का संग्रहालय' खण्ड में प्रदर्शित ये तस्वीरें तब की हैं जब हिन्दुजा बन्धुओं के आमन्त्रण पर राज कपूर और नरगिस ईरान आये थे और ईरानी सुपर स्टार गूगूश और महवाश के साथ तेहरान के सेंट्रल स्टूडियो घूमने गये थे। लन्दन में बसे ईरानी लेखक और फ़िल्मकार एहसान खोशबख़्त ने सिनेमा की मशहूर पत्रिका 'साइट एंड साउंड' में लिखा है कि पचास के दशक में राज कपूर का नाम ईरान में हर शख़्स की ज़ुबान पर था और उस दौर में क़रीब 49 हिन्दी फ़िल्में वहाँ के सिनेमा घरों में रिलिज़ हुई थीं और हालीवुड की फ़िल्मों का बाज़ार काफ़ी गिर गया था। ईरान के मशहूर फ़िल्म विशेषज्ञ हामीद रज़ा सद्र ने लिखा है कि राज कपूर, नरगिस, वैजयन्ती माला और दूसरे सिने कलाकार अपनी फ़िल्मों के प्रीमियर पर अक्सर ईरान आते थे, लेकिन वे यह नहीं बताते कि यह जादू कैसे सम्भव हुआ। ईरान ही नहीं सारी दुनिया में पचास–साठ के दशक में हिन्दुजा बन्धुओं ने यह ज़ादू पैदा किया।

हिन्दुजा बन्धुओं ने तेहरान के सबसे सम्भ्रान्त सिनेमा हाल 'सादी' में राज कपूर को ले जाकर अक्टूबर, 1964 में 'संगम' फ़िल्म लगायी। 'संगम' तीन हफ़्ते हाउस फुल गयी। सादी का मालिक बदहवास सा गोपीचन्द हिन्दुजा के पास आया और

बोला कि उसने 'संगम' फ़िल्म उतार दी है क्योंकि हालीवुड की फ़िल्में देखने का अभ्यस्त उसके सम्भ्रान्त दर्शक नाराज़ हो जायेंगे और उसका बिज़नेस चौपट हो जायेगा। उस रात गोपीचन्द हिन्दुजा इसी चिन्ता में सो नहीं सके कि अब आगे क्या होगा। दूसरी सुबह वे 'सादी' सिनेमा के ठीक सामने के सिनेमा हाल 'हाफ़िज़' के मालिक से मिलने गये। हाफ़िज़ में हालीवुड की फ़िल्म 'फोर हार्सेज़' चल रही थी। हाफ़िज़ के मालिक ने कहा कि पैसे की बड़ी तंगी है, बिज़नेस ठीक नहीं चल रहा है। गोपीचन्द हिन्दुजा ने उसे इस शर्त पर दस लाख रुपये का क़र्ज़ दिया कि वह हाफ़िज़ सिनेमा हाल में हिन्दी फ़िल्में लगायेगा। वह खुशी से उछल पड़ा। उसी दिन शाम तीन बजे के शो में उसने हालीवुड की फ़िल्म 'फोर हार्सेज़' उतार दी और हिन्दी फ़िल्म 'संगम' लगा दी। इस घटना को हिन्दुस्तानियों ने हालीवुड पर हिन्दी सिनेमा की विजय के रूप में देखा। फिर तो 'संगम' ने रिकॉर्ड तोड़ दिया और तीन साल तक चली। संगम फ़िल्म बेरूत के रिवोजी सिनेमा और इजरायल के ईडेन सिनेमा में भी खुब चली। संगम उस साल कॉन फ़िल्म फ़ेस्टिवल में भी दिखाई गयी थी। उस समय हिन्दुजा बन्धुओं ने राज कपूर से उनकी फ़िल्म संगम के अन्तरराष्ट्रीय अधिकार एक लाख ब्रिटिश पाउंड में ख़रीदे थे। उस समय एक ब्रिटिश पाउंड तेरह रुपये के बराबर था। यह रक़म उस रक़म से चार गुना ज़्यादा थी जिसमें महबूब ख़ान की फ़िल्म 'मदर इंडिया' के अन्तराष्ट्रीय अधिकार ख़रीदने पर ख़र्च हो गये। कारण यह था कि हिन्दुजा बन्धुओं के लिए इन फ़िल्मों के माध्यम से भारतीय संस्कृति का प्रचार–प्रसार करना पैसे कमाने से ज़्यादा महत्त्वपूर्ण था। ईरान में जी. पी. सिप्पी और रमेश सिप्पी की 'शोले' और महबूब ख़ान की 'मदर इंडिया' भी एक साल चली। 'शोले' तो आज भी ईरानियों की पसन्दीदा फ़िल्म बनी हुई है।

संगम का वह पहला पोस्टर जब हिन्दुजा बन्धुओं ने इस फ़िल्म के अन्तरराष्ट्रीय अधिकार ख़रीदे थे।

उस ज़माने में तेहरान में उच्च वर्ग केवल हॉलीवुड की फ़िल्में देखने जाता था। हॉलीवुड की फ़िल्में केवल चार–पाँच या छह दिन में ही उतर जाती थीं। कारण यह कि उच्च वर्ग की संख्या काफ़ी कम थी। हिन्दी सिनेमा ने आम ईरानी दर्शकों को जोड़ा। शाहबाज़ सिनेमा का मालिक हबीब मलिक हिन्दी सिनेमा का दीवाना हो गया था। बड़ी मुश्किल से वह फ़िल्म उतारने पर राज़ी होता।

हिन्दुजा उद्योग समूह के चेयरमैन (यूरोप) प्रकाश हिन्दुजा कहते हैं, ''हमने मुम्बई के फ़िल्मिस्तान स्टूडियो में एक डबिंग ऑफ़िस खोला जिसमें सारी हिन्दी फ़िल्मों को हम फ़ारसी में डब कर देते थे। फ़िल्मिस्तान स्टूडियो के मालिक थे तोलाराम जालान। हमने उनसे बात की। कई बार तो फ़िल्म का नाम तक बदल देते थे। फ़िल्म के संवाद भी बदल देते थे। हम ईरान से वैसे कलाकारों को बुलाते थे जिनकी आवाज़ें भारतीय कलाकारों से मिलती–जुलती थीं। आज यदि आप उन फ़िल्मों को देखें तो राज कपूर, देवानन्द, दिलीप कुमार आदि को फ़ारसी में डायलॉग बोलते हुए देख–सुनकर विचित्र लगेगा। इतना ही नहीं, हम 18–20 रील की फ़िल्मों को सम्पादित करके 10–12 रील की बना देते थे। फ़िल्मों के सम्पादन के काम में गोपीचन्द हिन्दुजा माहिर थे।''

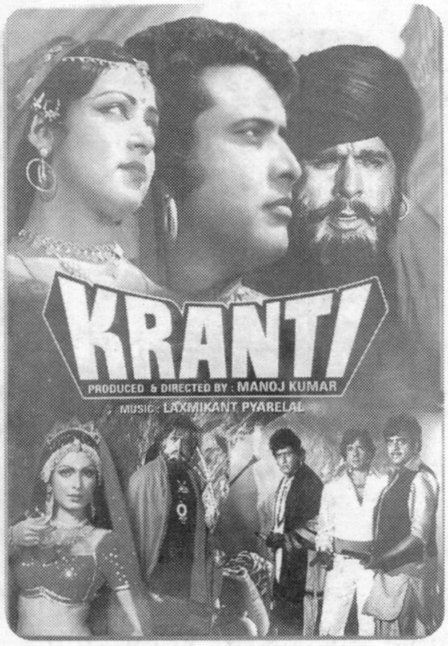

''गोपीचन्द हिन्दुजा ने राज कपूर को बिना बताये फ़ारसी में 'संगम' को काटकर चार घण्टे से दो घण्टे की फ़िल्म बना दी। तेहरान में उसके प्रीमियर पर श्रीचन्द हिन्दुजा राज कपूर को लेकर आये। हम सब अन्दर से डरे हुए थे कि कहीं वे नाराज़ न हो जायें। शाम को फ़िल्म का प्रीमियर शुरू हुआ। थियेटर की बालकनी में राज कपूर के एक ओर श्रीचन्द बैठे और दूसरी ओर गोपी। जब तक फ़िल्म चलती रही राज कपूर

चुपचाप फ़िल्म देखते रहे और स्कॉच पीते रहे जो हमने उनके लिए ख़ासतौर पर लन्दन से मँगवायी थी। फ़िल्म जैसे ही ख़त्म हुई, वे उठे और उन्होंने गोपी को गले लगा लिया और कहा कि इतनी अच्छी एडिटिंग वे ख़ुद भी नहीं कर सकते थे।''

जब मैं 71वें कॉन फ़िल्म समारोह (2018) से लौटते हुए लन्दन आया तो हिन्दुजा समूह के को–चेयरमैन गोपीचन्द हिन्दुजा के साथ जून के महीने में सेंट जेम्स पार्क में रोज़ 'वॉक एंड टॉक' का सिलसिला चला। इस दौरान उन्होंने कई ऐसी बातों का ख़ुलासा किया जो आज तक सामने नहीं आयी हैं। वे कहते हैं, ''ईरानी दर्शकों के लिए एक तरह से हिन्दी की पूरी की पूरी फ़िल्म का पोस्टमार्टम कर हम एक नया संस्करण तैयार कर देते थे। कई बार तो फ़िल्मों के नाम और डायलॉग तक बदल देते थे। मसलन, बंकिमचन्द्र चटर्जी के उपन्यास पर 1956 में बनी 'दुर्गेश नन्दिनी' फ़िल्म को ईरान में 'फ़रमान–ए–अकबर' नाम से हमने रिलीज़ किया। इसी तरह देवानन्द की 'गाइड' का नाम 'रहनुमा' कर दिया। उस समय की लगभग सभी बड़ी फ़िल्मों को हमने ईरान में रिलीज़ किया। ईरान की सफलता से प्रेरित होकर हमने जॉर्डन, मिस्र, लेबनान, सीरिया, ग्रीस, थाईलैंड, इजराइल, तुर्की आदि दूसरे देशों में भी हिन्दी फ़िल्मों को रिलीज़ किया और सफल रहे।''

गोपीचन्द हिन्दुजा बताते हैं, भारत में यश चोपड़ा की फ़िल्म 'धूल का फूल' (1959) ख़ूब चली। इसमें राजेन्द्र कुमार, माला सिन्हा और नन्दा ने मुख्य भूमिकाएँ निभायी थीं। यह फ़िल्म ईरान में एक दिन भी नहीं चली। हमने तीन साल बाद इस फ़िल्म के कुछ हिस्सों को बदलकर प्रदर्शित किया तो ख़ूब चली। जिन देशों में हमें अच्छे साझीदार (पार्टनर) मिले, वहाँ हमारा बिज़नेस ख़ूब चला। मसलन, जॉर्डन, मिस्र, बेरूत, इराक आदि में हम बहुत सफल रहे। तुर्की में हमारा पार्टनर ग़लत निकला तो हमें उसे बदलना पड़ा।

वे कहते हैं, ''लोग बार–बार पूछते हैं कि हमने सिनेमा का बिज़नेस बन्द क्यों कर दिया? मैं एक ही जवाब देता हूँ कि ज़माना बदल गया था। सिनेमा का बिज़नेस बन्द करने की दो वजहें थीं। एक तो हमारा बिज़नेस इतना बढ़ गया था कि हमारे पास समय नहीं बचता था। दूसरे धीरे–धीरे सिनेमा के बिज़नेस में कुछ अलग तरह के लोग आने लगे थे जिनके लिए किसी भी तरह पैसे कमाना ही मुख्य हो गया था। राज कपूर, देवानन्द, दिलीप कुमार, मनोज कुमार जैसे लोग दुर्लभ हो गये थे। इन लोगों के लिए पैसे से अधिक महत्त्वपूर्ण देश और समाज था। आम जनता इन पर गर्व करती थी। आज कलाकारों की नयी ब्रीड थोड़ी अलग तरह की है। इसलिए हमने 1978 में सिनेमा से सम्बन्धित अपना सारा बिज़नेस बेच दिया। हालाँकि बाद में भी हमने कई फ़िल्म निर्माताओं की मदद ज़ारी रखी।''

राज कपूर की फ़िल्म 'श्री 420' के प्रीमियर अवसर पर ईरान में परमानन्द हिन्दुजा (सबसे दायें) राज कपूर और अन्य।

''मुझे याद है कि जब तेहरान (ईरान) के सादी सिनेमा हाल में तीन हफ़्ता हाउस फुल चलने के बाद भी उसके मालिक ने राज कपूर की फ़िल्म 'संगम' उतार दी तो उस रात मैं सो नहीं पाया था। दूसरी सुबह मैं उसके ठीक सामने वाले सिनेमा हाल हाफ़िज़ के मालिक से मिला। हाफ़िज़ में बॉलीवुड की फ़िल्म 'फोर हार्सेज़' रिलीज़ हुई थी। उसे पैसों की ज़रूरत थी। मैंने उसे इस शर्त पर दस लाख रुपये क़र्ज़ दिया कि वह हिन्दी फ़िल्में लगायेगा। घरवालों ने कहा कि मैं पागल हो गया हूँ। पैसे नहीं लौटे तो क्या होगा। बारह बजे के शो में 'फोर हार्सेज़' थी। तीन बजे के शो में 'संगम'। 'फोर हार्सेज़' नीचे और 'संगम' ऊपर। तेहरान के हाफ़िज़ सिनेमा हाल में संगम तीन साल चली। बगल के सिनेमा हाल में के. आसिफ़ की फ़िल्म 'मुग़ल–ए–आज़म' लगी हुई थी।''

राज कपूर से हिन्दुजा बन्धुओं की गहरी दोस्ती हो गयी थी। वे उनसे मिलने और अपने दूसरे कामों से अक्सर लन्दन आते थे। गोपीचन्द जी के साथ ज़मीन पर उनकी बैठकें होती थीं। राज कपूर के बारे में एक और कहानी मशहूर है कि वे कभी बिस्तर पर नहीं सोते थे, हमेशा ज़मीन पर सोते थे। उनकी ये आदत भारत के पूर्व राष्ट्रपति ज्ञानी जैल सिंह से मिलती थी। उनकी बेटी ऋतु नन्दा ने एक बार बीबीसी के रेहान फ़ज़ल को बताया था कि–

''राज कपूर जिस भी होटल में ठहरते थे, उस पलँग का गद्दा खींचकर ज़मीन पर बिछा लेते थे। इसकी वजह से वे कई बार मुसीबतों में फँसे। लन्दन के मशहूर हिल्टन होटल में जब उन्होंने ये हरकत की तो होटल के प्रबन्धकों ने उन्हें चेताया कि उन्हें ऐसा नहीं करना चाहिए था, लेकिन जब उन्होंने दोबारा वही काम किया, तो होटल वालों ने उन पर जुर्माना लगा दिया। उस बार वे पाँच दिन उस होटल में रहे और उन्होंने ख़ुशी–ख़ुशी पलंग का गद्दा ज़मीन पर खींचने के लिए रोज़ ज़ुर्माना दिया।''

एक बार किसी ने हिन्दुजा बन्धुओं के ख़िलाफ़ राज कपूर के कान भरे कि सारा पैसा तो हिन्दुजा ले जाते हैं और आपको बहुत कम मिलता है। गोपीचन्द जी कहते हैं, ''जब ये बात मुझे पता चली तो मुझे बहुत दुख हुआ, गुस्सा भी आया। मैंने राज कपूर से कहा कि वह अपना चार्टर्ड अकाउंटेंट भेजें और सारा हिसाब–किताब कर लें।'' कुछ साल बाद राज कपूर को अपनी ग़लतफ़हमी का अहसास हुआ और हिन्दुजा बन्धुओं से उनके रिश्ते पहले जैसे हो गये। अब वे अपनी हर फ़िल्म में गोपीचन्द जी की सलाह लेने लगे। उन्होंने 1970 में एक और लम्बी फ़िल्म बनायी 'मेरा नाम जोकर' जिसमें दो बार मध्यान्तर (इंटरवल) होता था। उन्होंने गोपीचन्द जी को यह फ़िल्म दिखायी। फ़िल्म देखने के बाद ही गोपीचन्द जी ने उनसे बोल दिया था कि यह फ़िल्म नहीं चलेगी। उन्होंने कहा कि यह बहुत लम्बी है और डॉक्यूमेंट्री जैसी है। हुआ भी यही। इस फ़िल्म में राज कपूर को भारी घाटा हुआ। वे लगभग दीवालिया हो गये। उस समय हिन्दुजा बन्धुओं ने न सिर्फ़ उनकी हिम्मत बढ़ायी,

बल्कि अगली फ़िल्म 'बॉबी' (1973) बनाने के लिए पैसे से भी उनकी मदद की। उस ज़माने में हिन्दुजा बन्धुओं ने उन्हें दस लाख रुपये दिये और राज कपूर की क़िस्मत चमकी और 'बॉबी' सुपर–डुपर हिट हो गयी। इस फ़िल्म की कमाई से राज कपूर ने अपनी पत्नी कृष्णा कपूर के लिए एक बँगला ख़रीदा।

इसमें दो राय नहीं है कि साठ और सत्तर के दशक में राज कपूर दुनिया भर में जाने जाते थे। ईरान और रूस (सोवियत संघ) में उनकी लोकप्रियता वहाँ के राष्ट्रपतियों जितनी हो गयी थी। उनकी फ़िल्मों 'श्री 420', 'आवारा', 'मेरा नाम जोकर' आदि के गाने दुनिया भर में गूँजते थे। साथ ही यह भी सच है कि राज कपूर की इस विश्व व्यापी लोकप्रियता में हिन्दुजा बन्धुओं का बहुत बड़ा योगदान है।

आख़िर ईरान और रूस ही नहीं दुनिया भर में राज कपूर की लोकप्रियता का राज क्या था? रेहान फ़ज़ल लिखते हैं कि एक बार जब राज कपूर लन्दन में बीबीसी के बुश हाउस दफ़्तर में आये थे तो उन्होंने इसका जवाब देते हुए कहा था, "ये सन् 1954 का क़िस्सा है, जब मैं अपनी दो तस्वीरें लेकर रूस गया था। उनमें से एक थी 'आवारा'। इस तस्वीर से हमारा रूस के लोगों से पहला परिचय हुआ। रूसी लोग थोड़ा बहुत हिन्दुस्तान को जानते थे, लेकिन इन तस्वीरों के ज़रिये वे हिन्दुस्तान के और क़रीब आये।"

'आवारा' के क़िरदार की शक्ल–सूरत कुछ राज कपूर जैसी थी, लेकिन दिल उसका अवाम का था, हिन्दुस्तान के उस नौजवान का था जो आज तक उसी प्यार से धड़कता है। दरअसल, उन्होंने राज कपूर को नहीं अपनाया, उन्होंने हिन्दुस्तान के उस नौजवान को अपनाया जिसका दिल बार–बार यही कहता था–

"आबाद नहीं, बर्बाद सही, गाता हूँ ख़ुशी के गीत मगर
अनजान मगर सुनसान डगर का प्यारा हूँ, आवारा हूँ!"

या फिर

"मेरा जूता है जापानी, ये पतलून इंग्लिशतानी,
सर पे लाल टोपी रूसी, फिर भी दिल है हिन्दुस्तानी।"

मिस्र की सरकारी संस्था इजिप्शियन फ़िल्म सेंटर के प्रमुख मुहम्मद अल बसोसी ने पिछले साल 42वें काहिरा अन्तरराष्ट्रीय फ़िल्म समारोह (2–10 दिसम्बर, 2020) में मुझे बताया था कि जब मिस्र की सरकार के साथ मिलकर हिन्दुजा बन्धुओं ने काहिरा के एक सिनेमा हाल में राज कपूर की फ़िल्म 'संगम' रिलीज़ की थी तो सारे देश में तहलका मच गया था। यह फ़िल्म यहाँ क़रीब एक साल तक चली और इसने कमाई का रिकॉर्ड तोड़ दिया। उस ज़माने में हिन्दुजा बन्धुओं की कम्पनी के सहयोग से कई दर्जन हिन्दी फ़िल्में मिस्र के सिनेमा हालों में लगती थीं और अच्छी कमाई भी करती थीं। उसके बाद अस्सी के दशक में यहाँ अमिताभ बच्चन महानायक बनकर उभरे। बाद में कई वजहों से मिस्र और भारतीय सिनेमा का रिश्ता लगभग टूट–सा गया। कहा जाता है कि इसकी सबसे बड़ी वजह यह थी कि हिन्दी फ़िल्मों से अरब सिनेमा का स्थानीय कारोबार चौपट होने लगा था।

अरब केअल गूना फ़िल्म फ़ेस्टिवल (मिस्र) के निदेशक इंतिशाल–अल–तिमिमी की आँखों के सामने वह दृश्य आज भी साकार हो उठता है जब ताशकन्द फ़िल्म फ़ेस्टिवल (1983) में रूसियों ने शशि कपूर और शम्मी कपूर की कार को ही हाथों से उठा लिया और ख़ुशी से झूमने लगे। तिमिमी के लिए भारत के इन दो महान अभिनेताओं से मिलना किसी सपने से कम नहीं था। रूसियों के लिए बस इतना ही काफ़ी था कि कपूर बन्धु राज कपूर के भाई हैं जिन्हें रूसी लोग सिनेमा का ख़ुदा मानते हैं।

बीबीसी के वरिष्ठ पत्रकार रेहान फ़ज़ल लिखते हैं कि राज कपूर के बारे में एक कहानी बार–बार सुनायी जाती है कि पचास के दशक में जब भारत के प्रथम प्रधानमन्त्री पण्डित जवाहरलाल नेहरू रूस गये तो सरकारी भोज के दौरान जब नेहरू के बाद वहाँ के प्रधानमन्त्री निकोलाई बुल्गानिन के बोलने की बारी आयी तो उन्होंने अपने मन्त्रियों के साथ 'आवारा हूँ' गाकर उन्हें चकित कर दिया। 1996 में जब राज कपूर के बेटे रणधीर कपूर और बेटी ऋतु नन्दा चीन गये तो उनकी आँखों में उस समय आँसू आ गये, जब चीनी लोगों ने उन्हें देखते ही 'आवारा हूँ' गाने लगते। उन्हें यह नहीं पता था कि ये दोनों राज कपूर के बेटे–बेटी थे, लेकिन वे यह गीत गा कर राज कपूर और भारत का सम्मान कर रहे थे। कहा तो यह भी जाता है कि 'आवारा' माओ त्से तुंग की पसन्दीदा फ़िल्म थी।

राज कपूर की बेटी ऋतु नन्दा ने रेहान फ़ज़ल को बताया था, ''1993 में जब रूस के राष्ट्रपति बोरिस येल्तसिन भारत आये और उन्हें बताया गया कि वे उनसे मिलना चाहती हैं, तो न सिर्फ़ राष्ट्रपति इसके लिए तैयार हो गये, बल्कि उन्होंने उनकी

क़िताब पर एक नोट लिखा, "मैं आपके पिता से प्रेम करता था। वे हमारी यादों में आज भी मौजूद हैं।" राज कपूर की अन्तरराष्ट्रीय लोकप्रियता की ये चन्द मिसालें हैं। उनकी इस अन्तरराष्ट्रीय लोकप्रियता में हिन्दुजा बन्धुओं का ज़बरदस्त योगदान रहा है, जिसका श्रेय उन्होंने कभी नहीं लिया।

रंजीता गणेशन ने 'बिज़नेस स्टैंडर्ड' (7 दिसम्बर, 2019) में छपे अपने एक लेख 'हिन्दीबाज़ी इन ईरान' में इस बात का विस्तार से ज़िक्र किया है कि साठ के दशक में वहाँ हिन्दी सिनेमा बहुत लोकप्रिय था। उन्होंने ईरानियों और हिन्दी सिनेमा की 'सिनेमा दोस्ती' के बारे में भी विस्तार से लिखा है। लन्दन में बसे ईरानी लेखक और फ़िल्मकार एहसान खोशबख़्त ने सिनेमा की मशहूर पत्रिका 'साइट एंड साउंड' में लिखा है कि हिन्दी सिनेमा के साथ ईरानियों की सिनेमा दोस्ती में राज कपूर का महत्त्वपूर्ण स्थान था। आज से 65–66 साल पहले सिनेमा की टेक्नोलॉजी बहुत विकसित नहीं थी। राज कपूर की फ़िल्म को देखकर ऐसा लगता है कि कई बार 'रीयल सीक्वेंस' से अधिक प्रभावशाली वे छवियाँ हैं जो हम अपने दिमाग़ में बनाते हैं। आज यह सोचकर अजीब लग सकता है कि 1950 के दशक में और इसके बाद भी ईरान में भारत से आये सिनेमाई मेलोड्रामा ने अमेरिकी और ब्रिटिश सिनेमा को पछाड़ दिया था। हिन्दी सिनेमा के लिए हिन्दुजा बन्धुओं का यह योगदान ऐतिहासिक है जिसकी कभी ठीक से मीडिया में चर्चा तक नहीं हुई।

ईरान में राज कपूर की फ़िल्म 'श्री 420' की प्रीमियर पार्टी में राज कपूर, श्रीचन्द हिन्दुजा, गोपीचन्द हिन्दुजा और अन्य।

रंजीता गणेशन लिखती हैं कि अक्टूबर–नवम्बर, 2019 में ईरान की यात्रा के दौरान उन्हें ईरान में हिन्दी सिनेमा की बेशुमार लोकप्रियता के बारे में पता चला। वहाँ फ़िल्म स्टडीज़ के एक प्रोफ़ेसर ने भारतीय सिनेमा में मेलोड्रामा के लिए प्रयोग में लाये जाने

वाले फ़ारसी शब्द 'हिन्दीबाज़ी' के बारे में बताया। उसने यह भी कहा कि कैसे उन दिनों मज़ाक़ किया जाता था कि हिन्दी फ़िल्मों में 'पेड़' एक ज़रूरी चरित्र होता था जिसके इर्द–गिर्द हीरो–हीरोइन नाचते गाते थे। ईरानियों के लिए हिन्दी सिनेमा आकर्षण के साथ–साथ मनोरंजन का भी एक बड़ा साधन था। इन हिन्दी फ़िल्मों का इतना असर था कि ईरानी फ़िल्मों और टेलीविज़न सीरियल में भारतीय चरित्र लिखे जाने लगे। रेवोल्यूशन से पहले की फ़िल्मों में तो अधिकतर डॉक्टर चरित्र भारतीय होते थे क्योंकि उस समय ईरान में बड़ी संख्या में भारतीय डॉक्टर काम करते थे। 1972 में इंडो ईरानियन को प्रोडक्शन में हिन्दी और फ़ारसी में एक फ़िल्म बनी थी 'सुबह–ओ–शाम–जिसका फ़ारसी में नाम था 'होमा–ए–सादात।' ईरान में बनी इस फ़िल्म में भारत की मशहूर अभिनेत्री वहीदा रहमान ने एक नृत्यांगना की भूमिका निभायी थी, जबकि संजीव कुमार और ईरानी अभिनेता फ़रदीन ने दो सगे भाइयों का चरित्र निभाया था। यह फ़िल्म ईरान में तो ख़ूब चली पर भारत में उतनी नहीं चल सकी जितनी उम्मीद थी। ईरान और भारत के को–प्रोडक्शन में आख़िरी फ़िल्म 2016 में मुरली छाबड़िया ने बनायी थी 'सलाम मुम्बई' जिसमें ईरानी सुपर स्टार रज़ा गुलज़ार और भारतीय अभिनेत्री दिया मिर्ज़ा ने मुम्बई में डॉक्टरी की पढ़ाई कर रहे छात्रों की मुख्य भूमिकाएँ निभायी थीं। यह फ़िल्म ईरान में तो सुपरहिट रही पर भारत में इसे कोई ख़ास महत्त्व नहीं मिला।

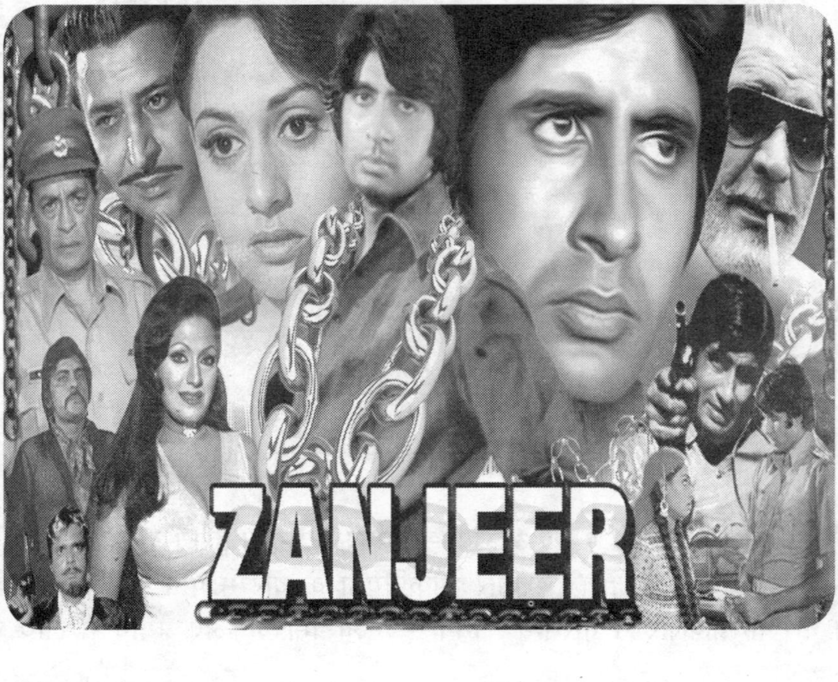

हिन्दुजा बन्धुओं ने ईरान, तुर्की और कई दूसरे देशों में जी. पी. सिप्पी और रमेश सिप्पी की ब्लॉक बस्टर 'शोले' को प्रदर्शित किया था। ईरान की सरकारी प्रसारण संस्था 'इस्लामिक रिपब्लिक ऑफ़ ईरान ब्रॉडकास्टिंग' (आई. आर. आई. बी) ने 2006 में एक सर्वे कराया जिसमें ईरानियों ने हिन्दी फ़िल्म 'शोले' को सबसे पसन्दीदा बताया। ईरान के सरकारी टेलीविज़न चैनल आई. आर. आई. बी. पर 'शोले' की सेंसर कॉपी समय–समय पर दिखायी जाती रहती है। हिन्दुजा बन्धुओं ने उस ज़माने में तुर्की में जिस बड़े पैमाने पर हिन्दी फ़िल्मों को प्रदर्शित किया उसका नतीजा है कि आज भी वहाँ हिन्दी सिनेमा की माँग बनी हुई है। तुर्की में ग़ैर–क़ानूनी ढंग से चलने वाली एक टेलीविज़न कम्पनी 'जेम टी. वी.' हिन्दी सिनेमा का एक लोकप्रिय चैनल 'जेम बॉलीवुड' चलाती है।

मुम्बई में बनने वाला हिन्दी का ख़ुशनुमा सिनेमा ईरान में अफ़गानियों और उन दूसरे देशों के नौजवानों को भी इसलिए आकर्षित करता है कि उनके देशों में गृह युद्ध चल रहा है। वे हिन्दी सिनेमा को देखते हुए तीन घण्टे के लिए अपना दुख और संघर्ष भूल जाते हैं। इस तरह हिन्दी सिनेमा एक बड़ी जमात को रोज़मर्रा के तनावों से मुक्ति दिलाता है। नौजवान हिन्दी फ़िल्में देखते हुए ख़ुद को हीरो–हीरोइनों की जगह कल्पना करके ख़ुश होते रहते हैं। हिन्दुजा बन्धुओं को शायद यह नहीं पता कि ईरान में लोकप्रिय सिनेमा और टेलीविज़न सीरियल लिखने वाले नौजवानों के लिए भी यह 'हिन्दीबाज़ी' काफ़ी काम की चीज़ साबित हो रही है।

5

हिन्दुजा बन्धुओं ने भारतीय फ़िल्म उद्योग को इस तरह आर्थिक मन्दी से उबारा

टाइम्स ऑफ़ इंडिया समाचार पत्र समूह की उस ज़माने की मशहूर सिनेमा पत्रिका 'माधुरी' में अरविन्द कुमार ने कई ऐसे सम्पादकीय लिखे हैं जिनसे पता चलता है कि उस ज़माने में भारतीय फ़िल्म उद्योग भयानक आर्थिक संकट से जूझ रहा था। 'माधुरी' के 7 मई, 1965 अंक के सम्पादकीय में वे लिखते हैं–

"फ़िल्म उद्योग पर संकट के घने, काले बादल मँडरा रहे हैं। किसी भी क्षण भयंकर तूफ़ान के साथ वर्षा आ सकती है। इन कठिन दिनों के लिए फ़िल्म उद्योग ने किसी आसरे का निर्माण नहीं किया है, इसलिए हालात बहुत नाज़ुक भी हो सकते हैं।"

"पिछले कुछ महीनों से फ़िल्म निर्माताओं को धन उधार मिलने के स्रोत सूखते जा रहे हैं। पैसे की घोर कमी के कारण उन्हें अधूरी पड़ी फ़िल्मों को पूरी करना भारी पड़ रहा है। स्टूडियो अक्सर ख़ाली दिखायी पड़ते हैं। उनमें काम आधा रह गया है। सरकारी दस्तावेज़ों के अनुसार अकेले बम्बई में ही क़रीब तीन सौ से ऊपर फ़िल्में अधूरी पड़ी हैं। इस बजट में सरकार ने फ़िल्म उद्योग को कोई राहत नहीं दी उल्टे कच्चे फ़िल्म के आयात पर टैक्स और बढ़ा दिया। निर्माता पहले से ही सरकार को दिये जाने वाले 'लेवी' से परेशान थे। सरकार को चाहिए कि अपनी सिनेमा सम्बन्धित आर्थिक नीतियों पर पुनर्विचार करे।"

हिन्दुजा बन्धुओं ने इसी दौर में (1960 और 1970 के दशक में) भारतीय फ़िल्म इंडस्ट्री को मन्दी से उबारा। उन्होंने पैसे के अभाव में बीच में ही डिब्बे में बन्द हो चुकी सैकड़ों फ़िल्मों को पैसे की मदद से दोबारा शुरू कराया। उस ज़माने में न तो राष्ट्रीय फ़िल्म विकास निगम 'एनएफडीसी' था न कोई वित्तीय कम्पनी थी। बैंक पैसा डूब जाने के डर से फ़िल्मकारों को क़र्ज़ नहीं देते थे। उस ज़माने की फ़िल्म निर्माण की सभी प्रमुख कम्पनियों में हिन्दुजा बन्धुओं ने पैसे लगाये और उनमें नयी जान फूँकी, लेकिन कहीं भी कोई श्रेय नहीं लिया। फ़िल्मों के क्रेडिट में भी अपना या अपनी कम्पनी का नाम नहीं डालने दिया। इसका सबसे बड़ा उदाहरण है जी.पी. सिप्पी की फ़िल्म 'ब्रह्मचारी' जो पैसे की कमी के कारण बीच में ही बन्द हो गयी थी। इसके निर्देशक थे भप्पी सोनी और मुख्य भूमिकाएँ शम्मी कपूर, मुमताज़ और प्राण ने निभायी थीं। राज कपूर को 'बॉबी' फ़िल्म बनाने के लिए आर्थिक मदद की बात पहले ही हम बता चुके हैं। उसी तरह मनमोहन देसाई की फ़िल्म 'कुली' में हिन्दुजा बन्धुओं ने पैसे लगाये। इसी फ़िल्म की शूटिंग के दौरान अमिताभ बच्चन के साथ बहुत बड़ा हादसा हुआ था और वे मरने से बचे थे। हिन्दुजा परिवार के ख़ुशाल छाबड़िया ने ब्रीच कैंडी अस्पताल में अमिताभ बच्चन को अपना ख़ून भी दिया था। मनोज कुमार और राज कपूर के अलावे देवानन्द की नव केतन फ़िल्म्स और यश जौहर की धर्मा प्रोडक्शन की फ़िल्मों में भी पैसे लगाये।

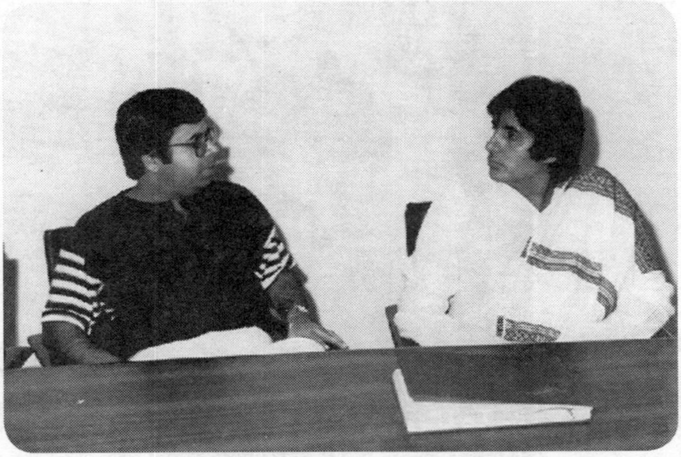

अशोक हिन्दुजा और अमिताभ बच्चन।

यह देखकर भी आश्चर्य होता है कि भारतीय सिनेमा को विदेशों में प्रोत्साहित करने के लिए 1960 से 1970 के बीच जहाँ–जहाँ भारत सरकार प्रयास कर रही थी, वहाँ–वहाँ कई कारणों से असफलता ही हाथ लग रही थी, जबकि हिन्दुजा समूह जिस देश में जाता था, उन्हें ज़बरदस्त सफलता मिल रही थी। उस ज़माने में भारत में विदेशी मुद्रा की भारी कमी थी। सिनेमा के इस विशवव्यापी बिज़नेस के

कारण भारत सरकार को बड़ी मात्रा में विदेशी मुद्रा मिल रही थी जिसका रिकॉर्ड भारतीय रिज़र्व बैंक और भारत सरकार के सूचना एवं प्रसारण मन्त्रालय के पास होना चाहिए।

टाइम्स ऑफ़ इंडिया समाचार–पत्र समूह की उस ज़माने की मशहूर सिनेमा पत्रिका 'माधुरी' में अरविन्द कुमार ने कई ऐसे सम्पादकीय लिखे हैं जिनसे पता चलता है कि सिनेमा को लेकर भारत सरकार कतई गम्भीर नहीं थी और उसके सारे प्रयास असफल हो रहे थे। 'माधुरी' के 9 अक्टूबर, 1964 के अंक में 'भारतीय फ़िल्मों का निर्यात' शीर्षक सम्पादकीय में वे लिखते हैं, ''यह हर्ष की बात है कि इंडियन मोशन पिक्चर्स एक्सपोर्ट प्रोमोशन कॉरपोरेशन (भारतीय चलचित्र निर्यात विकास निगम) की पूँजी दस लाख रुपये से बढ़ाकर पच्चीस लाख रुपये की जा रही है। यह निगम हिन्दुस्तानी फ़िल्में ख़रीदकर विदेशों में उनका व्यावसायिक प्रदर्शन करेगा। इस प्रकार अधिक विदेशी मुद्रा कमाने में फ़िल्म उद्योग भी सहायक सिद्ध होगा। हिन्दुस्तानी फ़िल्में पहले भी विदेशी मुद्रा कमाने में मदद देती रही हैं। पर अब तक वे उन्हीं इलाक़ों में दिखायी जाती थीं जहाँ प्रवासी भारतीयों की बस्तियाँ हैं। ज़रूरत इस बात की है कि हमारी फ़िल्में ग़ैर–हिन्दुस्तानी जनता भी देखे।''

किसी को पता नहीं है कि इस सरकारी संस्था का क्या हुआ। इसे कितनी सफलता मिली। इस सम्पादकीय में वर्णित दोनों उद्देश्यों को हिन्दुजा समूह ने बिना किसी सरकारी सहयोग के पूरा किया। उन्होंने न सिर्फ़ क़रीब बारह सौ हिन्दी फ़िल्मों को ख़रीदकर विदेशों में निर्यात किया और भारी मात्रा में देश के लिए विदेशी मुद्रा कमायी, बल्कि हमारी फ़िल्मों को ग़ैर–हिन्दुस्तानी दर्शकों तक भी ले गये।

'माधुरी' पत्रिका के 17 दिसम्बर, 1965 के अंक में 'फ़िल्म निर्यात, भारतीय शैली' शीर्षक सम्पादकीय में अरविन्द कुमार लिखते हैं, ''15 नवम्बर, 1965 को काहिरा के अन्तरराष्ट्रीय हवाई अड्डे पर भारत सरकार के सूचना एवं प्रसारण मन्त्रालय और मिस्र सरकार के संस्कृति मन्त्रालय के अधिकारियों का समूह बम्बई से आने वाले एक विमान के स्वागत में खड़ा है। उसमें भारतीय फ़िल्म उद्योग की कई जानी–मानी हस्तियाँ आने वाली हैं। काहिरा में भारतीय फ़िल्मों का एक फ़ेस्टिवल हो रहा है, जिसमें 'कश्मीर की कली', 'वो कौन थी', 'हम दोनों', 'संगम' आदि कई भारतीय फ़िल्में दिखायी जानी हैं। इस फ़िल्म फ़ेस्टिवल की सफलता से मिस्र में भारतीय फ़िल्मों का बहुत बड़ा बाज़ार खुल सकता है। इससे भारत को भारी मात्रा में विदेशी मुद्रा कमाने का अवसर मिल सकता है। यह समारोह एक ऐसे देश में हो रहा है जो हमारा सबसे बड़ा अरब मित्र है और अन्तरराष्ट्रीय राजनीति में हमारे साथ कन्धे से कन्धा मिलाकर चल रहा है। बम्बई से आने वाले हैं देवानन्द, बी.आर. चोपड़ा, माला सिन्हा, साधना आदि। विमान आता है। मेज़बान आगे बढ़ते हैं। पर यह क्या? कोई अतिथि नहीं आया और न आयेगा। भारतीय दूतावास के अधिकारी शर्म से गड़े जा रहे हैं। उनके न आने की सूचना उन्हें पहले क्यों नहीं दी गयी। अब उन शानदार दावतों का क्या होगा जो उनके सम्मान में आयोजित की गयी हैं जो आये ही नहीं। हमारे मन्त्रालय की यह कार्यशैली और लालफ़ीताशाही विदेशों में भी प्रसिद्ध है।

''अब सुनिए कि क्यों कोई मेहमान काहिरा नहीं पहुँचा। बी. आर. चोपड़ा ने बहुत पहले ही सूचना एवं प्रसारण मन्त्रालय के अधिकारियों को यह बता दिया था कि यदि उनकी पत्नी को साथ ले जाने की अनुमति नहीं मिली तो वे नहीं जायेंगे। उनका कहना था कि सरकार दूसरे फ़िल्मकारों को पत्नी ही नहीं, उनके बच्चों को भी प्रतिनिधिमण्डल में आने की सुविधा देती है। यदि सरकार उन्हें यह सुविधा नहीं देना चाहती थी तो न सही। पर या तो किसी और प्रतिनिधि का इन्तज़ाम करती या उनके काहिरा में आने की ख़बर नहीं भेजती।

"इसी प्रकार साधना और माला सिन्हा भी अकेले जाने को तैयार नहीं थीं। वे चाहती थीं कि उनके साथ उनके परिवार का एक सदस्य उनकी सहायता के लिए जाये। सरकारी अफ़सर चुप थे। सुना है कि फ़िल्म फ़ेस्टिवल से तीन दिन पहले अफ़सरों ने साधना को सूचना दी कि वे अपने साथ किसी एक व्यक्ति को ले जा सकती हैं। तब तक वे बम्बई में शूटिंग की कई डेट दे चुकी थीं और उनके काहिरा जाने से निर्माताओं को हज़ारों रुपये का नुक़सान होता जिसकी ज़िम्मेदारी सिर्फ़ उन पर ही होती।

"देवानन्द पहले सरकारी प्रतिनिधि नहीं थे। उन्होंने काहिरा जाने से इनकार कर दिया। फ़िल्म फ़ेस्टिवल के उद्घाटन वाले दिन वे अमेरिका से लौटते हुए रोम में थे और बम्बई के लिए हवाई जहाज़ में चढ़ रहे थे। दिल्ली से उन्हें समाचार मिला कि अब वे सरकारी प्रतिनिधि हैं और काहिरा जायें। इस समाचार में यह सूचना नहीं थी कि अन्य कोई प्रतिनिधि काहिरा नहीं पहुँच रहा है, अतः उन्हें वहाँ ज़रूर जाना चाहिए। यह सोचते हुए कि बाक़ी लोग काहिरा पहुँचेंगे ही, वे बम्बई लौट आये।"

अशोक हिन्दुजा और अमिताभ बच्चन।

हिन्दुजा बन्धुओं ने उसी मिस्र सरकार से मिलकर काहिरा में न सिर्फ़ राज कपूर की फ़िल्म 'संगम' रिलीज़ की, बल्कि और भी कई फ़िल्में रिलीज़ कीं। इन फ़िल्मों के प्रीमियर पर उनसे जुड़े फ़िल्मी कलाकारों को कई देशों में बुलाते रहे, कभी कोई ऐसी समस्या नहीं आयी, जैसी कि ऊपर अरविन्द कुमार ने अपने सम्पादकीय में लिखा है। गरज़ यह कि विदेशों में फ़िल्मों के प्रदर्शन, ग़ैर–हिन्दुस्तानी दर्शकों तक हमारी फ़िल्मों की पहुँच, विदेशों में भारतीय फ़िल्मों का बाज़ार बनाने और विदेशी मुद्रा कमाने में हिन्दुजा बन्धुओं को बेशुमार सफलता मिली और भारत सरकार इन्हीं कामों में असफल रही।

भारत सरकार ने उसी दौर में एक बार अमेरिका में भी भारतीय फ़िल्मों का बाज़ार तलाशने की कोशिश की और असफलता ही हाथ लगी। माधुरी के 18 दिसम्बर, 1964 के अंक में प्रकाशित अपने सम्पादकीय में अरविन्द कुमार लिखते हैं कि–''फ़िल्म निर्यात विकास निगम की ओर से हाल ही में एक प्रतिनिधिमण्डल अमेरिका भेजा गया। वह अपने साथ कुछ भारतीय फ़िल्में भी अमेरिका ले गया था। मण्डल का उद्देश्य था : अमेरिका में भारतीय फ़िल्मों की व्यापारिक सम्भावनाओं को जाँचना और उनके प्रचार के लिए रास्ते ढूँढ़ना। मण्डल द्वारा प्रदर्शित फ़िल्मों पर अमेरिका में क्या बीती, यह अब सब जानते हैं। वास्तव में वहाँ जो हुआ उसके अलावा और कुछ नहीं हो सकता था। संक्षेप में और शिष्ट शब्दों में, वहाँ के फ़िल्म व्यापारियों और पत्रकारों को हमारी फ़िल्में पसन्द नहीं आयीं।

इससे पहले भी हम माधुरी में लिख चुके हैं कि जिस तरह की फ़िल्में आजकल हमारे यहाँ बन रही हैं, उनका निर्यात नहीं किया जा सकता।'

यहाँ यह बात ध्यान देने की है कि हिन्दुजा बन्धुओं ने इसी तरह की क़रीब बारह सौ फ़िल्में दुनिया भर में सफलतापूर्वक निर्यात किया और किसी भी फ़िल्म में घाटा नहीं हुआ। मैंने माधुरी, फ़िल्म फेयर और स्क्रीन जैसी सिनेमा की कई महत्त्वपूर्ण पत्रिकाओं के पुराने अंक पलटे लेकिन हिन्दुजा बन्धुओं के बारे में कहीं कोई सामग्री नहीं मिली। कारण स्पष्ट है कि हिन्दुजा परिवार अपना प्रचार–प्रसार नहीं चाहते थे। यदि वे चाहते तो इन पत्रिकाओं में उनके बारे में लेखों और सम्पादकीयों की भरमार होती।

अशोक हिन्दुजा, प्रफुल्ल पटेल, संजयदत्त और गोपीचन्द हिन्दुजा की बेटी रितु छाबड़िया।

अरविन्द कुमार आगे लिखते हैं कि–''हम बॉलीवुड की नक़ल करते हैं, सिर्फ़ अन्धी नक़ल। भव्य सेट लगाना हम जान गये हैं। फ़ोटोग्राफ़ी में भी हम बहुत पीछे नहीं हैं।

जितना साज सामान हमें मिलता है, उसमें हम बहुत कुछ कर लेते हैं। नाच–गाने हम हालीवुड से कुछ ज़्यादा ही देते हैं। दर्शक हमारी फ़िल्मों में हर चीज़ पाता है। यह सब देखते हुए हमारा निरीह निर्माता यह नहीं समझ पाता है कि हमारी फ़िल्में अमेरिका में क्यों नहीं पसन्द की जातीं। इसका सबसे बड़ा कारण यह है कि हमारी फ़िल्मों में वह अदृश्य वस्तु नहीं होती जिसका नाम धागा है जो इन सब मोतियों को पिरोकर मनोरंजन नाम की माला तैयार करती है।

''कोई अमेरिकी यूँ ही इस बात पर क्यों विश्वास कर ले कि कोई लड़की चाहती किसी और युवक को है और विवाह किसी दूसरे युवक से कर लेती है। यह सीधी–सादी लगने वाली बात किसी विदेशी के गले तब उतरेगी जब हमारी फ़िल्में भारतीयता में इतनी रमी हों कि उनसे हमारी मिट्टी की गन्ध आने लगे।

''यही कारण है कि सत्यजित रॉय विदेशों में सफल फ़िल्म निर्देशक रहे हैं और वहाँ हमारे फ़िल्म उद्योग का प्रतिनिधित्व करने वाले एकमात्र भारतीय हैं।''

हिन्दुजा बन्धुओं ने किसी आर्ट या समान्तर कहे जाने वाले सिनेमा का विश्व बाज़ार नहीं बनाया, उन्होंने भारतीय मनोरंजन करने वाली फ़िल्मों का विश्व बाज़ार बनाया। यहाँ भी जब भारत सरकार असफल रही तो हिन्दुजा बन्धु सफल रहे।

हिन्दुजा बन्धुओं में सबसे छोटे भाई अशोक परमानन्द हिन्दुजा मुम्बई में रहते हैं। उनका जन्म 1950 में हुआ था। अभी पिछले साल ही उन्होंने अपना सत्तरवाँ जन्मदिन मनाया था। अशोक जी कहते हैं कि ''हमारा बचपन साधारण तरीक़े से बीता है। बड़े होने पर हम तीन शिफ्ट में काम करते थे। पहले सुबह 6.45–9.45 तक कॉलेज में पढ़ने जाते थे। उसके बाद पिताजी के ऑफ़िस में उनके काम में हाथ बँटाते थे। शाम को चरनी रोड स्थित ऑफ़िस में सिनेमा वाला बिज़नेस सँभालते थे। हमने भारतीय फ़िल्मों का अन्तरराष्ट्रीय बाज़ार बनाया। सैकड़ों लोगों को काम दिया। मसलन, मोहन छाबड़िया को इजराइल भेजा। उनके बड़े भाई गोवर्धन छाबड़िया को थाईलैंड और गोविन्द राम को तुर्की भेजा। यह सच है कि कई लोग हमारा पैसा नहीं लौटा पाते थे तो हम उन्हें माफ़ कर देते थे। आप जैकी श्रॉफ की पत्नी आयेशा श्राफ से पूछिए, वे बतायेंगी कि कैसे उनकी फ़िल्म 'बूम' (2003) में उन्हें भारी घाटा हुआ और वे हमारा पैसा नहीं लौटा पायीं तो हमने उन्हें माफ़ कर दिया। मेरी बेटी अम्बिका हिन्दुजा ने जिन दो आख़िरी फ़िल्मों में पैसे लगाये उनमें से एक में हमें भारी घाटा हुआ, वे थी 'बीइंग सायरस' (2006, होमी अदजानिया) और 'तीन पत्ती' (2010, लीना यादव)। तीन पत्ती फ़िल्म में तो अमिताभ बच्चन और बेन किंग्सले जैसे दिग्गज अभिनेता थे। इस फ़िल्म में हमें भारी घाटा हुआ। ''प्रकाश हिन्दुजा उस दौर को याद करते हैं, जब श्रीमती इन्दिरा गाँधी भारत की प्रधानमन्त्री थीं और उस ज़माने में अमेरिकी फ़िल्में भारत में प्रतिबन्धित थीं। हिन्दुजा बन्धुओं को बड़ी मुश्किल से उन्होंने हालीवुड की क़रीब 25 फ़िल्मों को आयात करने की अनुमति दी। उन फ़िल्मों को यहाँ बम्बई में हिन्दी में डब किया गया। हिन्दुजा बन्धुओं ने उन फ़िल्मों के माध्यम से भारतीय फ़िल्मकारों

को यह बताने की भी कोशिश की कि अच्छा सिनेमा कैसे बनता है। ये फ़िल्में फिर देशभर के थियेटरों में रिलीज़ की गयीं।

प्रकाश हिन्दुजा मुम्बई के चरनी रोड स्थित अपने ऑफ़िस और फ़िल्मिस्तान स्टूडियो के अपने डबिंग सेंटर को बार–बार याद करते हैं। तब उनकी उम्र केवल 17 साल की थी। जी. पी. सिप्पी की 'ब्रह्मचारी' को थाई भाषा में डब करके बैंकाक ले गये थे। फ़िल्मिस्तान स्टूडियो में कुछ दक्षिण भारतीय फ़िल्मों को भी फ़ारसी में डब करके ईरान में प्रदर्शित किया गया था।

प्रकाश हिन्दुजा को एक बात अच्छी तरह से याद है कि जब 1967 में उनकी शादी हुई थी तो हेमा मालिनी ने डांस किया था।

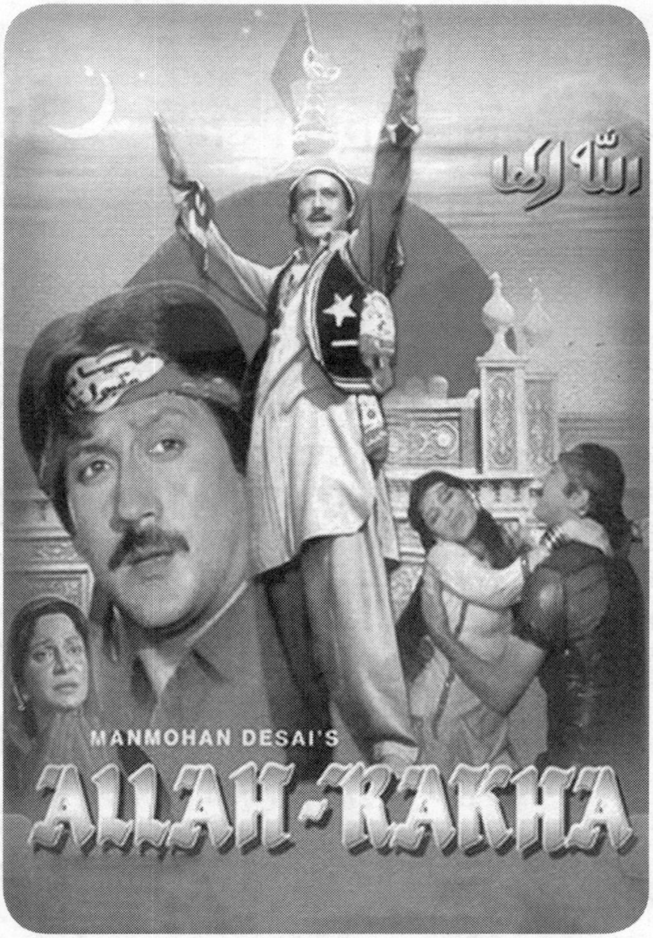

6

जब फ़िल्म के प्रदर्शन के दौरान सिनेमा हाल में ही दर्शक नमाज़ पढ़ने लगते थे

ईरान के एक साहसी फ़िल्मकार फ़रदीन अली अहमद अपने कपड़ों में एक वीडियो कैमरा छुपाकर हज करने मक्का–मदीना गया और उसने हज की सभी प्रक्रियाओं को कैमरे में क़ैद कर लिया। ईरान लौटकर उसने एक बहुत उम्दा डॉक्यूमेंट्री बनायी। हिन्दुजा बन्धुओं ने उसे ख़रीदकर बड़े पैमाने पर भारत में प्रदर्शित किया। दिल्ली में उसके प्रीमियर पर भारत के तत्कालीन राष्ट्रपति डॉ. ज़ाकिर हुसैन (1967–69) आये। अपने ज़माने के मशहूर अभिनेता कादर ख़ान ने उसमें अपनी आवाज़ दी, वायस ओवर किया। उस फ़िल्म का फ़ारसी में नाम था–'ख़ाने ख़ुदा' (1968) और अंग्रेज़ी में 'पिलग्रिमेज़ टु मक्का'। भारत के सिनेमाघरों में जब यह फ़िल्म प्रदर्शित की गयी तो मुसलमान दर्शक बीच में ही नमाज़ पढ़ने लगे। उस ज़माने में ग़रीबी के कारण भारत के अधिकतर मुसलमान हज यात्रा पर नहीं जा पाते थे। पहली बार जैसे वे सिनेमा के पर्दे पर हज का आँखों देखा हाल देख रहे थे। वे देख रहे थे कि उनका सबसे पवित्र तीर्थ मक्का और मदीना उनके सामने है। उस फ़िल्म को देखने के लिए देशभर में मुसलमान टूट पड़े। सिनेमा के इतिहास में यह पहला अवसर था जब मुसलमानों के सबसे पवित्र धार्मिक स्थल मक्का और मदीना को बड़े आदर और श्रद्धा के साथ फ़िल्माया गया था। हिन्दुजा बन्धुओं ने इस फ़िल्म से हुई सारी आमदनी मुस्लिम चैरिटी में दान कर दी। उन्हें देश भर के मुसलमानों की बेशुमार दुआएँ मिलीं।

ईरान में सिनेमा हाल के नाम वहाँ के नामचीन कवियों और लेखकों के नाम पर होते थे। जैसे सादी, हाफ़िज़, मोला रूज़, होमा, आसिया, फ़िरदौस, ख़य्याम, अब्दोह आदि। इस्लामिक रेवोल्यूशन के दौरान 19 अगस्त, 1978 को रात के आठ बजे कट्टरपन्थी मुसलमानों ने ईरान के अबादान शहर के रेक्स सिनेमा में आग लगा दी थी और क़रीब चार सौ बीस से भी अधिक लोग जलकर राख हो गये थे। ईरान के फ़िल्म उद्योग के इतिहास में यह एक दुखद घटना थी जिसे वहाँ के सिनेमा प्रेमी आज भी याद करके सिहर उठते हैं। यह एक तरह से ईरान में इस्लामी क्रान्ति की शुरुआत थी। इस घटना के बाद ईरान में हिन्दी सिनेमा का कारोबार कमोबेश ख़त्म ही हो गया। हिन्दुजा बन्धुओं को बदलती हुई फ़िज़ा का अन्दाज़ा पहले ही हो गया था। उन्होंने इस्लामिक रेवोल्यूशन से पहले ही धीरे–धीरे अपने बिज़नेस का मुख्यालय तेहरान से लन्दन शिफ्ट कर लिया था।

अनुपम खेर के साथ प्रकाश हिन्दुजा।

मुरली छाबड़िया पिछले पचास सालों से ईरान में बिज़नेस कर रहे हैं। उन्होंने लम्बे समय तक ईरान और दूसरे देशों में हिन्दुजा बन्धुओं के फ़िल्म बिज़नेस को सँभाला है। वे बताते हैं कि "तेहरान के आसिया थियेटर में जी.पी. सिप्पी की ब्लाकबस्टर फ़िल्म 'शोले' साल भर चली। इसके प्रीमियर पर जी.पी. सिप्पी ख़ुद ईरान गये थे। तेहरान के फ़िरदौस एवेन्यू में ईरान स्टूडियो था जिसमें हम लोग रातभर हिन्दी फ़िल्मों की फ़ारसी में डबिंग करते थे। उसका मालिक रजई था। हम वैसे ईरानी कलाकारों को लाते थे जिनकी आवाज़ें राज कपूर, नरगिस, वहीदा रहमान, वैजयन्ती माला, देवानन्द, दिलीप कुमार, मनोज कुमार, राज कुमार और ऐसे ही भारतीय हीरो–हीरोइनों से मिलते–जुलते थे। फ़िल्मों की डबिंग का हमारा सिस्टम दुनिया में अनोखा था। इससे ईरान के कलाकारों को रोज़गार मिलता था। हम 18 से 20 रील की हिन्दी

फ़िल्मों को सम्पादित कर 10 से 12 रील की यानी क़रीब दो घण्टे की बना देते थे। गानों को फ़ारसी में नहीं डब करते थे, फ़ारसी सब टाइटल्स के साथ दिखाते थे। चूँकि उस ज़माने के अधिकतर गाने उर्दू में होते थे इसलिए फ़ारसी और अरबी भाषा के दर्शकों को समझने में कोई कठिनाई नहीं होती थी। उर्दू भाषा के बहुत से शब्द अरबी और फ़ारसी भाषा के शब्दों से मिलते–जुलते हैं।

राज कपूर की 'संगम' ने तो विदेशों में इतिहास रचा और रिकॉर्ड तोड़ कमाई की। देवानन्द की 'गाइड' (1965) और 'अमीर ग़रीब' (1974) होमा थियेटर में ख़ूब चली। मनोज कुमार की 'रोटी, कपड़ा और मकान' (1974) और फ़िरोज़ ख़ान की 'धर्मात्मा' (1975) और 'कुर्बानी' (1980) भी होमा थियेटर में ख़ूब चली। हमारे साथ हमारे बहुत सारे दूसरे सहयोगी भी थे जिनमें अमरलाल हिन्दुजा, कन्हैयालाल, नारायण दास, भगवान दास, नन्दलाल, चन्दूलाल आदि प्रमुख थे। रणछोड़ जुमानी और रमेश नीचानी भी थे जो हिन्दुजा परिवार के रिश्तेदार थे। आसिया फ़िल्म्स बम्बई में रजिस्टर की गयी थी। रामा को–इंटरप्राइज़ेज कम्पनी भी थी। ईरान में हर बुधवार को नयी फ़िल्म रिलीज़ की जाती थी। ईरान में हर दिन आठ शो चलते थे। उस समय जब भारत में सिनेमा हाल में फ़िल्म देखने का न्यूनतम टिकट दो रुपये का होता था तो ईरान में यह दस रुपये होता था। अमीर लोगों के लिए सिनेमा हाल में बॉक्स क्लास होता था जिसे वहाँ 'लोजे मखसूस' कहते थे जिसका टिकट पचास रुपये का होता था। वीआईपी दर्शकों को नाश्ता परोसा जाता था जिसमें कोका कोला के साथ सूअर का मांस, मुर्गा, चुकन्दर और तरह–तरह के सैंडविच होते थे। उस ज़माने में ईरान में केवल सिंगल थियेटर होते थे। 1979 में हुई इस्लामी क्रान्ति के बाद ईरान में भारतीय फ़िल्मों का प्रदर्शन बहुत कम हो गया।

प्रकाश हिन्दुजा के साथ अमिताभ बच्चन।

"उस ज़माने में वेस्ट इंडीज से लेकर सुदूर पूर्व और मध्य पूर्व के देशों में भी भारतीय फ़िल्मों का ज़बरदस्त प्रभाव था। हिन्दुजा बन्धुओं ने लन्दन के 29, म्यूज़ियम स्ट्रीट, डब्ल्यू सी 1, में संगम लिमिटेड नाम से अपना ऑफ़िस खोला। वहाँ राज कपूर की फ़िल्म 'संगम' की सफलता के बारे में गोपीचन्द जी पहले ही बता चुके हैं। लन्दन के साउथ हाल के हिमालया थियेटर में 'संगम' फ़िल्म ख़ूब चली। गुलु ललवाणी और मेहताणी भी हमारा काम देखते थे। लेबनान, जॉर्डन और इज़रायल में भी हम लोग गये। इज़रायल के तेल अवीव में हैंडसम लिमिटेड कम्पनी थी। जॉर्डन में हमारा एजेंट मुहम्मद ताहिर था।

"ईरान में उस समय क़रीब दो हज़ार हिन्दू और सिख थे। गोपीचन्द हिन्दुजा नयी फ़िल्म के रिलीज़ से पहले एक प्राइवेट इवनिंग हिन्दुस्तानी लोगों और राजनयिकों के लिए फ्री में आयोजित करते थे जिसमें बिना किसी कट के पूरी फ़िल्म दिखायी जाती थी। इंटरवल में क़रीब दो सौ आमन्त्रित अतिथियों को चाय–नाश्ता भी परोसा जाता था। कई बार यह आयोजन आइस पैलेस क्लब में होता था। पहली इंडो–ईरान को–प्रोडक्शन में 1972 में फ़िल्म बनी थी 'सुबहो शाम' (फ़ारसी में 'हुमाए शादात') जिसके निर्देशक थे तापी चाणक्य। इस फ़िल्म में ईरानी हीरो फ़रदीन के साथ भारत के संजीव कुमार नासिर बने थे और वहीदा रहमान ने शीरीन का किरदार निभाया था जो एक नृत्यांगना होती है। यह एक प्रेम कहानी थी। यह फ़िल्म ईरान में ख़ूब चली और क़रीब दो करोड़ रुपये का बिज़नेस किया। उस समय ईरान में हमारी हिन्दी फ़िल्में सत्तर से अस्सी लाख रुपये का बिज़नेस करती थीं। ईरान में बिज़नेस का फ़ॉर्मूला यह था कि कुल कमाई का साठ प्रतिशत सिनेमा हाल के मालिक को जाता था और चालीस प्रतिशत हिन्दुजा बन्धुओं के पास आता था। सबसे सस्ता टिकट दस रुपये का होता था जिसमें कम–से–कम चार रुपये प्रति सीट मुनाफ़ा होता था।

ईरान में सामाजिक सन्देश देने वाली फ़िल्में ख़ूब चलती थीं। नरगिस की 'मदर इंडिया' (1957), राज कपूर की 'बूट पॉलिश' (1954) और राज कुमार की 'पैग़ाम' (1959) ख़ूब चली। हमने अमिताभ बच्चन की 'दीवार' (1975) और 'ज़ंजीर' (1973) भी यहाँ रिलीज़ की। पैग़ाम का सन्देश था कि श्रमिक वर्ग की ताक़त को कम नहीं आँकना चाहिए जबकि दीवार में बताया गया था कि बुरे काम का नतीजा हमेशा बुरा ही होता है। प्रमोद चक्रवर्ती की 'ड्रीम गर्ल', 'हिट रन' और 'अराउंड द वर्ल्ड इन एट डॉलर' भी ईरान में ख़ूब चली। हिन्दुजा बन्धुओं की ख़ासियत थी कि वे सब कुछ क़ानूनी रूप से करते थे। वे हमेशा सरकार से अनुमति प्रमाणपत्र लेकर रखते थे। ईरान में क़रीब सत्तर थियेटरों में हमारी हिन्दी फ़िल्में चलती थीं। तेहरान के अलावा मशाद, तबरीश, इस्फहान, जंजान आवाज़, अबादान, खुर्रम आदि ईरान के दूसरे शहरों के सिनेमाघरों में भी हिन्दी फ़िल्में ख़ूब बिज़नेस करती थीं। ईरान के शाह अपने महल में हिन्दी फ़िल्में देखते थे। जब हिन्दुजा बन्धुओं ने ईरान में राज कपूर की 'जिस देश में गंगा बहती है' रिलीज़ की तो राज कपूर उसी ड्रेस में आये जो उन्होंने फ़िल्म में पहनी हुई है। राजेश खन्ना की फ़िल्म 'हाथी मेरे साथी' (1971) ईरान में छह हफ़्ते तक हाउसफुल गयी। ईरान में हाथी नहीं होते हैं। इस फ़िल्म का सन्देश ईरानी लोगों को बहुत पसन्द आया कि जानवरों के साथ क्रूरता नहीं करनी चाहिए और यह कि पशु भी इन्सान का अच्छा दोस्त हो सकता है। अन्तिम समय में राजेश खन्ना तेहरान नहीं आ पाये क्योंकि उन्हें बुख़ार हो गया था। राजश्री प्रोडक्शन की फ़िल्म 'दोस्ती' (1964) भी अपने सन्देश के कारण ख़ूब चली। पहले तीन दिन में ही नौ हज़ार पाउंड का कलेक्शन हुआ। तीन हज़ार पाउंड की लागत हटा दें तो छह हज़ार पाउंड का शुद्ध मुनाफ़ा हुआ। बी.आर. चोपड़ा निर्मित और उनके भाई यश चोपड़ा निर्देशित फ़िल्म 'वक़्त' (1965) और 'आदमी और इन्सान' (1969), राजेश खन्ना की फ़िल्म 'द ट्रेन' (1970) भी यहाँ ख़ूब चली। धर्मेन्द्र–हेमा मालिनी की 'सीता और गीता', दिलीप कुमार की 'राम और श्याम', मनोज कुमार की 'शोर' और 'पूरब और पश्चिम', देवानन्द की 'ज्वेल थीफ़' और 'गाइड', धर्मेन्द्र की 'झील के उस पार', 'दिल एक मन्दिर', 'खिलौना', 'सूरज', 'धूल का फूल', 'मेरे महबूब' आदि फ़िल्मों को ईरानी दर्शकों ने ख़ूब पसन्द किया।

''मुम्बई के तारदेव में रामनोर्द लेबोरेटरी थी जहाँ से हम निगेटिव से प्रिंट बनवाते थे। विदेशी एजेंटों से हम अमेरिकी डॉलर या ब्रिटिश पाउंड में पैसे लेते थे। चरनी रोड पर आसिया कॉरपोरेशन का दफ़्तर था जिसे जो सज्जन सम्भालते थे उनका नाम भी गिरिधर हिन्दुजा पर वे हिन्दुजा बन्धुओं में से नहीं थे। सी. के. सुन्दर अकाउंट और रमेश शेठ पर्सनल रिलेशन और पब्लिसिटी देखते थे। हम लोग एक प्रिंट के साथ दो ट्रेलर और दो प्रिंट के साथ चार ट्रेलर के हिसाब से फ़िल्में निर्यात करते थे। आर. के.दास, आर.एम. शाह और ख़ुशाल छाबड़िया भी हमारे साथ काम करते थे। हिन्दुजा बन्धुओं ने सैकड़ों फ़िल्मों को आर्थिक मदद दी, उनमें पैसे लगाये, लेकिन किसी में भी क्रेडिट नहीं लिया। इसमें राज कपूर से लेकर मनोज कुमार और मनमोहन देसाई तक की फ़िल्मों के नाम गिनाये जा सकते हैं।''

हिन्दुजा बन्धुओं की बहन के बेटे संजय जुमानी ने फ़िल्मों के इस कारोबार को काफ़ी नज़दीक से देखा है। उनके पास उस ज़माने की कहानियों की भरमार है। वे कहते हैं कि– ''वह दौर कुछ और ही था। अब जब हम उस दौर को याद करते हैं तो विश्वास ही नहीं होता कि कभी दुनिया भर में हिन्दी सिनेमा का इतना बड़ा बिज़नेस होता था। उस ज़माने में हिन्दुजा बन्धुओं ने वे सभी फ़िल्में निर्यात कीं जो सुपरहिट रही थीं। व्ही. शान्ताराम की 'डॉ कोटनीस की अमर कहानी' और 'दो आँखें बारह हाथ', शम्मी कपूर की 'जानवर', 'पगला कहीं का' और 'जवाँ मुहब्बत', मनोज कुमार की 'उपकार', 'यादगार' और 'क्रान्ति', अमिताभ बच्चन की 'मर्द', 'कुली', 'दोस्ताना', 'नसीब', 'सुहाग', 'तूफ़ान', 'अल्ला रक्खा', 'ईमान धरम' और 'सुहाग', धर्मेन्द्र की 'नया ज़माना' और 'जुगनू', राजेश खन्ना की 'मास्टर जी', प्रमोद चक्रवर्ती की 'बारूद', कुमार गौरव–रति अग्निहोत्री की 'एक से भले दो' और किस–किस फ़िल्म का नाम लूँ। हमने एक इतिहास रचा।''

गोपीचन्द हिन्दुजा और प्रकाश हिन्दुजा।

हिन्दुजा समूह के चेयरमैन (यूरोप) प्रकाश परमानन्द हिन्दुजा कहते हैं कि ''मुम्बई में मेरी शादी 1967 में हुई थी जिसमें हेमा मालिनी ने डांस किया था। तब उनकी पहली हिन्दी फ़िल्म 'सपनों का सौदागर' रिलीज़ नहीं हुई थी। उस शादी में फ़िल्म इंडस्ट्री के सभी महत्त्वपूर्ण लोग आये थे। यह उस ज़माने की सबसे बड़ी शादी थी। बम्बई के वर्ली के रेस कोर्स के टर्फ क्लब में हुई इस शादी के जश्न में राज कपूर, देवानन्द, दिलीप कुमार, राज कुमार, मनोज कुमार सहित बम्बई फ़िल्म इंडस्ट्री के सभी महत्त्वपूर्ण कलाकार, फ़िल्म निर्देशक, फ़िल्म फाइनेंसर, फ़िल्म प्रोड्यूसर और फ़िल्म वितरक शामिल हुए थे। शादी के तुरन्त बाद हम हनीमून मनाने विदेश चले गये। पहले हम जॉर्डन गये, फिर मिस्र और अन्त में तुर्की गये। तुर्की में फ़िल्म बिज़नेस की सबसे बड़ी हस्ती था लिमी एपेक्ची, जो मुख्यतया अमेरिकी फ़िल्में डिस्ट्रीब्यूट करता था।

जब मैं उसे अपने फ़िल्म बिज़नेस में पार्टनर बनाने पहुँचा तो उसने मेरी छोटी उम्र देखकर हँसते हुए कहा कि मैं क्या बिज़नेस करूँगा। तब मेरी उम्र केवल बाईस–तेईस साल थी। मैंने उसकी बातों का बुरा नहीं माना और धीरज से काम लिया। मेरी पत्नी ने शिकायती लहज़े में कहा कि तुम यहाँ भी बिज़नेस करने में उलझ गये। यहाँ तो हम हनीमून मनाने आये हैं। मैंने कहा कि चलो इसी बहाने कुछ ख़र्चा तो निकलेगा। हनीमून के लिए कहीं से हनी भी तो आनी चाहिए। मैंने लिमी एपेक्ची को अपनी कम्पनी में पार्टनर बनाया। हमने शुरुआत राज कपूर की फ़िल्म 'संगम' से की और बाद में 'आवारा' ले गये। उसके बाद रामानन्द सागर की 'आरज़ू' रिलीज़ की जो ख़ूब चली। इसके बाद तो तुर्की में भारतीय फ़िल्मों की धूम मच गयी। इतना ही नहीं तुर्की की फ़िल्मों को देखकर बम्बई के फ़िल्म निर्माता कहानियाँ लिखवाने लगे।

"उन्हीं दिनों यानी शादी के एक साल बाद 1968 में मैं थाईलैंड की राजधानी बैंकॉक गया। बैंकॉक जाकर सबसे पहले मैंने वहाँ की भाषा थाई सीखी। थाईलैंड का डबिंग सिस्टम कमाल का था। वहाँ स्टूडियो में डबिंग नहीं होती थी, वहाँ जब सिनेमा हाल में पिक्चर चल रही होती थी तो लाइव डबिंग होती थी। सिनेमा हॉल के प्रोजेक्शन रूम में एक लड़की और एक लड़का बैठते थे। फ़िल्म में जितनी फीमेल वायस होती थी जैसे पत्नी, माँ, प्रेमिका, महिला मित्र, नौकरानी आदि उन सबके डायलॉग चलती फ़िल्म में थाई भाषा में वह एक लड़की बोलती थी। वह लड़की सिर्फ़ डायलॉग पढ़ती नहीं थी, बाजाप्ता आवाज़ में अभिनय के साथ बोलती थी। इसी तरह वह एक लड़का सारी मेल वायसेज का ज़िम्मा सँभालता था। फ़िल्म में हीरो, उसके पिता, दोस्त, नौकर और सारे पुरुष चरित्रों के डायलॉग चलती फ़िल्म में आवाज़ के

अभिनय के साथ थाई भाषा में वही लड़का बोलता था। उन दोनों कलाकारों की कमाल की तैयारी और प्रैक्टिस होती थी। उनकी यह क़ाबिलियत अमेरिकी और दूसरे देशों की फ़िल्मों के लिए भी थी। फ़िल्म चलाते हुए केवल मूल डायलॉग बन्द (म्यूट) कर दिया जाता था, साउंड स्कोर और बैकग्राउंड म्यूज़िक चलता रहता था। थाईलैंड में मैं जी. पी. सिप्पी की फ़िल्म 'ब्रह्मचारी' ले गया था और इसके प्रीमियर पर वहाँ शम्मी कपूर को बुलाया था।

''मैंने बेरूत, जॉर्डन, सीरिया, और मिस्र में भी भारतीय सिनेमा को स्थापित किया। कारोबार चल निकला। फिर हम ग्रीस गये। वहाँ बहुत पहले एक हिन्दी फ़िल्म गयी थी और सफल भी रही थी, लेकिन वह रिश्ता टूट चुका था। वहाँ हमने राज कपूर की 'संगम' रिलीज़ की। 'संगम' सुपरहिट हुई। इसके बाद तो ग्रीस में हिन्दी फ़िल्मों की धूम मच गयी। वहाँ हमारा एजेंट था डेमेस्किनो मेकेलडिस्ट।''

''आपको मैंने बताया था कि जब हमने भारत में 'पिलग्रीम टु मक्का' (ख़ाने ख़ुदा) रिलीज़ की थी तो हमारे मुस्लिम भाई–बहन सिनेमा हाल में ही नमाज़ पढ़ने लगे। इस फ़िल्म को मक्का फ़िल्म कम्पनी ने डिस्ट्रीब्यूट किया था। वहाँ से इसे हमारी कम्पनी भारत ले आयी।''

हिन्दुजा समूह के को–चेयरमैन गोपीचन्द हिन्दुजा कहते हैं कि–''ईरान में हम अपने घर अक्सर दावतें देते थे। लेकिन हमारे यहाँ केवल शाकाहारी भोजन परोसा जाता था। ईरान के शाह भी आते थे। वे भी शाकाहारी भोजन ही करते थे। मैं अपने अतिथियों से केवल यह पूछता था कि किसी चीज़ से उन्हें एलर्जी तो नहीं है।

बाक़ी उन्हें मैं क्या खिलाऊँगा, यह मेरी मर्ज़ी है। जब भारत के राष्ट्रपति डॉ. राधाकृष्णन ईरान आये और शाह के महल में उन्हें दावत दी गयी तो खाना मेरे घर से आया था। भारत के प्रधानमन्त्री मोरार जी देसाई के लिए भी ख़ाना मेरे घर से बनकर आता था।

''लन्दन के टोटरम कोर्ट रोड इलाक़े में एक सिनेमा हाल हुआ करता था, ईस्काला। जब हमने ईस्काला के मैनेजर को ईरान, मिस्र और सारी दुनिया में संगम फ़िल्म की सक्सेस स्टोरी बतायी और फ़िल्म प्रदर्शित करने को कहा तो उस गोरे को हमारी बातों पर विश्वास ही नहीं हुआ। उसने कहा कि मैं दो हफ़्ते के लिए चारों शो की सारी टिकटें भारी कमीशन पर ख़रीद कर संगम रिलीज़ कर सकता हूँ। हमने ऐसा ही किया। लन्दन में भी संगम हाउसफुल चली। तभी से लन्दन में हिन्दी फ़िल्में चारों शो में लगनी शुरू हुईं। हमने मनोज कुमार की फ़िल्म 'पूरब और पश्चिम' की लन्दन में शूटिंग में काफ़ी मदद की।

''हम लोग महात्मा गाँधी पर फ़िल्म बनाने के लिए रिचर्ड एटनबरो से बात कर चुके थे। रिचर्ड एटनबरो बहुत दिनों से महात्मा गाँधी पर फ़िल्म बनाना चाहते थे। तभी भारत सरकार को इसके बारे में पता चला। उसी समय भारत सरकार ने राष्ट्रीय फ़िल्म विकास निगम (एन. एफ. डी. सी.) बनाया था। सरकार ने हमसे कहा कि चूँकि यह राष्ट्रपिता महात्मा गाँधी का मामला है और इससे देश की प्रतिष्ठा जुड़ी हुई है इसलिए इस फ़िल्म को भारत सरकार को ही प्रोड्यूस करने दिया जाये। इस वजह से हम बाहर आ गये।

हमने 1955 से 1978 तक जब एन. एफ. डी. सी. नहीं थी, बैंक फ़िल्म निर्माताओं को क़र्ज़ नहीं देते थे और हमारा फ़िल्म उद्योग भयानक मन्दी का शिकार था तो

सैकड़ों फ़िल्मों में पूँजी निवेश किया। हमने उस समय के सभी प्रमुख फ़िल्म निर्माताओं को आर्थिक सहायता दी।

''यह सवाल हमसे बार–बार पूछा जाता है कि हमने फ़िल्म बिज़नेस को अलविदा क्यों कह दिया? तो इसकी दो वजहें थीं। एक तो हमारा बिज़नेस इतना बढ़ गया था कि हमारे पास समय नहीं बचता था। दूसरे धीरे–धीरे सिनेमा के बिज़नेस में कुछ अलग तरह के लोग आने लगे थे जिनके लिए किसी भी तरह पैसा कमाना ही मुख्य हो गया था। राज कपूर, देवानन्द, दिलीप कुमार जैसे लोग दुर्लभ हो गये थे। हमने 1978 में सिनेमा से सम्बन्धित अपना सारा बिज़नेस लालचन्द लूंड को बेच दिया। हालाँकि बाद में भी हमने कई फ़िल्म निर्माताओं की मदद ज़ारी रखी।

''मुझे अठारह साल की उम्र में ईरान जाना पड़ा था। यह 1958 की बात है। वहाँ मैंने महसूस किया कि जीवन के हर क्षेत्र में वहाँ की भाषा फ़ारसी का ही बोलबाला है। मैं तीन हफ़्ते के अन्दर फ़ारसी सीख गया। तेहरान में एक गुरुद्वारा है जिसका मैं आज भी ट्रस्टी हूँ। लन्दन के हरे कृष्णा मन्दिर (इस्कॉन) में मैं हर प्रधानमन्त्री और नेता प्रतिपक्ष को ले गया। वहाँ जान मेजर भी गये और माइकल जैक्सन भी। एक बार उस मन्दिर को बन्द करने का नोटिस आ गया। मैंने उस मन्दिर को बचाने में हर तरह की मदद की। इस मन्दिर के पीछे की सड़क का नाम श्रीचन्द हिन्दुजा के स्वर्गीय बेटे धरम हिन्दुजा के नाम पर धरम मार्ग रखा गया है।

''मुझे व्ही. शान्ताराम की फ़िल्म 'दो आँखें बारह हाथ' का वह गाना बार–बार याद आता है– ऐ मालिक तेरे बन्दे हम। हमारा परिवार पहला ऐसा परिवार है जो

भारतीय फ़िल्मों को दुनिया भर में ले गया। इसके पीछे बिज़नेस से भी बड़ी वजह यह थी कि हमारी फ़िल्में भारतीयता और भारतीय संस्कृति के रंग में रँगी होती थीं। हम अपनी फ़िल्मों के माध्यम से दुनिया भर में भारतीयता और भारतीय संस्कृति का प्रचार–प्रसार कर रहे थे। आज हमारा बिज़नेस दुनिया के सौ से भी अधिक देशों में फैला हुआ है, क़रीब 48 देशों में हमारे दफ़्तर हैं। पर हम कभी नहीं भूलते और जैसा कि हमारे पिताजी परमानन्द दीपचन्द हिन्दुजा कहा करते थे कि 'वर्क टु गिव।' खुशी आशीर्वाद से मिलती है।"

7

और इस तरह बना हमारा 'बॉलीवुड'–गोपीचन्द हिन्दुजा

जिसे हम हिन्दी सिनेमा का स्वर्ण युग कहते हैं, वह दुनिया भर में हिन्दी फ़िल्मों की वैश्विक सांस्कृतिक यात्रा का भी स्वर्ण युग था। आज हिन्दी फ़िल्में सारी दुनिया में अच्छा बिज़नेस कर रही हैं, लेकिन इसकी बुनियाद 1955 में हिन्दुजा बन्धुओं ने ईरान में रखी थी। ईरान से शुरू हुआ यह सफ़र देखते–देखते सारी दुनिया में लोकप्रिय हो गया। शायद ही आज किसी को यक़ीन हो कि अब से क़रीब पचास साल पहले राज कपूर की फ़िल्म 'संगम' जब फ़ारसी में डब होकर ईरान में प्रदर्शित हुई तो तीन साल तक चली। मिस्र की राजधानी काहिरा में एक साल तक चली। भारतीय उद्योगपति हिन्दुजा बन्धुओं ने 1955 से 1984 तक न सिर्फ़ संगम बल्कि क़रीब 1200 हिन्दी फ़िल्मों को दुनिया भर में प्रदर्शित किया और इस तरह बना 'बॉलीवुड'। हिन्दी सिनेमा के इस गौरवशाली अलिखित इतिहास के बारे में इंग्लैंड के सबसे अमीर भारतीय मूल के उद्योगपति **गोपीचन्द हिन्दुजा** ने **अजित राय** से बातचीत में पहली बार कई दिलचस्प ख़ुलासे किये। प्रस्तुत हैं लन्दन में गोपीचन्द हिन्दुजा से अजित राय की कई किस्तों में की गयी इस बातचीत के प्रमुख अंश। यह बातचीत देश के प्रमुख अख़बार 'नवभारत टाइम्स' के नयी दिल्ली, मुम्बई और लखनऊ के साथ–साथ सभी ऑनलाइन और अन्तरराष्ट्रीय संस्करणों में शनिवार, 30 जनवरी, 2021 को प्रकाशित हुई थी।

गोपीचन्द जी, हिन्दी सिनेमा की सांस्कृतिक वैश्विक यात्रा की जो शुरुआत 1955 में ईरान में हुई, इसका विचार कैसे आया क्योंकि आप लोग तो वहाँ व्यापार करने गये थे?

व्यापार–कला तो हमें पाँच हज़ार साल पुरानी सिन्धु घाटी सभ्यता से विरासत में मिली है, जब इस धरती पर इन्सान ने संगठित व्यापार और बैंकिंग का पहला पाठ पढ़ा था। मेरे पिता परमानन्द दीपचन्द हिन्दुजा (1901–1971) उसी विरासत को लेकर पाकिस्तान के सिन्ध प्रान्त के शिकारपुर शहर से 1914 में मुम्बई (तब बम्बई) आये थे। वे 1919 में ईरान गये और तेहरान में अपना दफ़्तर खोला। वे पहले भारतीय थे जिन्होंने भारत से बाहर अपना बिज़नेस ऑफ़िस खोला। बाद में जब बिज़नेस चल निकला तो पिताजी ने मुम्बई से मेरे सबसे बड़े भाई गिरिधर हिन्दुजा (1932–1992) को वहाँ बुला लिया। श्रीचन्द के बेटे धरम हिन्दुजा के नाम पर ही करण जौहर की कम्पनी है धर्मा प्रोडक्शन। करण जौहर के पिता यश जौहर हमारे साथ काम कर चुके थे। उस समय ईरान में बड़ी संख्या में भारतीय काम करते थे। पराया देश था, परायी संस्कृति थी, तो भाई साहब ने सोचा कि क्यों न यहाँ हिन्दी फ़िल्में दिखायी जायें जिससे भारतीयों का मनोरंजन हो और हमारी संस्कृति का भी प्रचार–प्रसार हो। मेरे दूसरे बड़े भाई श्रीचन्द हिन्दुजा को मुम्बई में इस काम में लगाया गया। वहाँ हमारे सबसे छोटे भाई अशोक हिन्दुजा उनकी मदद करते थे। बाद में प्रकाश हिन्दुजा, जो मुझसे छोटे भाई हैं, ने इस काम को सँभाला। श्रीचन्द राज कपूर के मित्र थे। तो यह सिलसिला ईरान में राज कपूर की फ़िल्म 'श्री 420' से 1955 में शुरू हुआ। पिताजी सिनेमा के बिज़नेस के ख़िलाफ़ थे। उन्होंने हमसे वचन लिया कि हम कोई ग़लत काम नहीं करेंगे, जिसे हम आज तक निभा रहे हैं।

ईरान में तो उस समय हालीवुड की फ़िल्मों का बोलबाला था या फिर ईरानी फ़िल्में ही चलती थीं, फिर आप लोगों ने हिन्दी सिनेमा का इतना ज़बरदस्त बिज़नेस कैसे स्थापित किया?

सिनेमा के क्षेत्र में विशेष योगदान के लिए गोपीचन्द हिन्दुजा आशा भोसले से लाइफ टाइम अचीवमेंट अवार्ड लेते हुए।

इसकी भी बड़ी दिलचस्प कहानी है। हमने तेहरान के सबसे सम्भ्रान्त सिनेमा हाल 'सादी' में राज कपूर को ले जाकर अक्टूबर, 1964 में 'संगम' फ़िल्म लगायी। 'संगम' तीन हफ़्ते हाउसफुल गयी। 'सादी' का मालिक बदहवास मेरे पास आया और बोला कि उसने 'संगम' फ़िल्म उतार दी है क्योंकि हालीवुड की फ़िल्में देखने का अभ्यस्त उसके सम्भ्रान्त दर्शक नाराज़ हो जायेंगे और उसका बिज़नेस चौपट हो जायेगा। उस रात मैं इसी चिन्ता में सो नहीं सका कि अब आगे क्या होगा। दूसरी सुबह मैं ठीक उसके सामने के सिनेमा हाल 'हाफ़िज़' के मालिक से मिलने गया। हाफ़िज़ में हालीवुड की फ़िल्म 'फोर हार्सेज़' चल रही थी। उसने कहा कि पैसे की बड़ी तंगी है, बिज़नेस ठीक नहीं चल रहा है। मैंने उसे इस शर्त पर दस लाख रुपये का क़र्ज़ दिया कि वह हाफ़िज़ सिनेमा हाल में हमारी हिन्दी फ़िल्में लगायेगा। वह ख़ुशी से उछल पड़ा। उसी दिन शाम तीन बजे के शो में उसने हालीवुड की फ़िल्म 'फोर हार्सेज़' उतार दी और हमारी फ़िल्म 'संगम' लगा दी। फिर तो 'संगम' ने रिकॉर्ड तोड़ दिया और तीन साल तक चली। तेहरान में सिनेमा हाल के नाम वहाँ के मशहूर फ़ारसी लेखकों के नाम पर रखे जाते थे।

उस ज़माने में तेहरान में उच्च वर्ग केवल हॉलीवुड की फ़िल्में देखने जाता था। हॉलीवुड की फ़िल्में केवल चार–पाँच या छह दिन में ही उतर जाती थीं। कारण यह कि उच्च वर्ग की संख्या काफ़ी कम थी। हिन्दी सिनेमा ने आम ईरानी दर्शकों को जोड़ा। शाहबाज़ सिनेमा का मालिक हबीब मलिक हिन्दी सिनेमा का दीवाना हो गया था। बड़ी मुश्किल से वह फ़िल्म उतारने पर राज़ी होता।

क्या ईरान में हिन्दी फ़िल्में फ़ारसी या अंग्रेज़ी सब टाइटल्स के साथ रिलीज़ होती थीं?

शुरू में ऐसा था, पर बाद में हमने मुम्बई के फ़िल्मिस्तान स्टूडियो में एक डबिंग ऑफ़िस खोला जिसमें सारी हिन्दी फ़िल्मों को हम फ़ारसी में डब कर देते थे। हम ईरान से वैसे कलाकारों को बुलाते थे जिनकी आवाज़ें भारतीय कलाकारों से मिलती–जुलती थीं। इतना ही नहीं, मैं 18–20 रील की फ़िल्मों को सम्पादित करके 10–12 रील का बना देता था। लोगों का मानना था कि मुझे फ़िल्म एडिटिंग में महारत हासिल है।

प्रकाश हिन्दुजा, शशि कपूर और गोपीचन्द हिन्दुजा।

मैंने राज कपूर से बिना बताये फ़ारसी में 'संगम' को काटकर चार घण्टे से दो घण्टे की फ़िल्म बना दी। तेहरान में उसके प्रीमियर पर श्रीचन्द हिन्दुजा राज कपूर को लेकर आये। मैं अन्दर से डरा हुआ था कि कहीं वे नाराज़ न हो जायें। शाम को फ़िल्म का प्रीमियर शुरू हुआ। थियेटर की बालकनी में राज कपूर की एक ओर श्रीचन्द बैठे और दूसरी ओर मैं। जब तक फ़िल्म चलती रही राज कपूर चुपचाप फ़िल्म देखते रहे और स्कॉच पीते रहे जो हमने उनके लिए ख़ासतौर पर लन्दन से मँगवायी थी। फ़िल्म जैसे ही ख़त्म हुई, वे उठे और उन्होंने मुझे गले लगा लिया और कहा कि इतनी अच्छी एडिटिंग खुद वे भी नहीं कर सकते थे। उसके बाद उन्होंने जो भी फ़िल्म बनायी, सबसे पहले मुझे दिखायी और मेरी सलाह ली।

ईरानी दर्शकों के लिए एक तरह से हिन्दी की पूरी की पूरी फ़िल्म का पोस्टमार्टम कर हम एक नया संस्करण तैयार कर देते थे। कई बार तो फ़िल्मों के नाम और डायलॉग तक बदल देते थे। मसलन बंकिमचन्द्र चटर्जी के उपन्यास पर 1956 में बनी 'दुर्गेश नन्दिनी' फ़िल्म को ईरान में 'फरमान–ए–अकबर' नाम से हमने रिलीज़ किया। इसी तरह देवानन्द की 'गाइड' का नाम 'रहनुमा' कर दिया। उस समय की लगभग सभी बड़ी फ़िल्मों को हमने ईरान में रिलीज़ किया गया। ईरान की सफलता से प्रेरित होकर हमने जॉर्डन, मिस्र, लेबनान, सीरिया, ग्रीस, थाईलैंड आदि दूसरे देशों में भी हिन्दी फ़िल्मों को रिलीज़ किया और सफल रहे।

ईरान में उस समय राज कपूर, नरगिस, सुनील दत्त, वहीदा रहमान आदि भारतीय कलाकारों का कैसा स्वागत होता था?

उस समय राज कपूर की फ़िल्म 'श्री 420' (1955) काफ़ी चल रही थी। हमने उसे मिनिमम गारंटी देकर पाँच हज़ार रुपये में ख़रीदा और ईरान में फ़ारसी सब टाइटल के साथ रिलीज़ किया।

गोपीचन्द हिन्दुजा और रणधीर कपूर।

तेहरान में इस फ़िल्म के प्रीमियर का भी बड़ा अजीब क़िस्सा है। बड़ी मुश्किल से श्रीचन्द परमानन्द हिन्दुजा ने राज कपूर को ईरान (तेहरान) चलने पर राज़ी किया। उन्होंने उन्हें उनके सायन ऑफ़िस से अपनी कार में बिठाया और एयरपोर्ट की ओर चले। बीच रास्ते में राज कपूर कहने लगे कि उनके घर में कोई समस्या आ गयी है, वे ईरान नहीं जा सकते। सब बड़ी मुश्किल में पड़ गये। ईरान में फ़िल्म के प्रीमियर की सारी तैयारी हो चुकी थी। जैसे–तैसे श्रीचन्द जी ने राज कपूर को तेहरान चलने के लिए राज़ी किया। दरअसल, राज कपूर की पत्नी कृष्णा कपूर और नरगिस को लेकर कुछ विवाद शुरू हो गया था। राज कपूर ने ज़िद पकड़ ली कि विमान में श्रीचन्द को उनके साथ स्कॉच पीनी होगी, तभी वे ईरान जायेंगे। तब ईरान की सीधी उड़ान नहीं थी और कराची होकर जाना पड़ता था। कराची तक जाते–जाते राज कपूर इतने पी चुके थे कि उन्हें सहारा देकर विमान से उतारना पड़ा। श्रीचन्द इसलिए परेशान थे कि कराची एयरपोर्ट पर राज कपूर को देखने के लिए पाकिस्तानियों की भारी भीड़ जमा हो गयी थी। हालाँकि दूसरी सुबह उन्होंने श्रीचन्द से अपने इस व्यवहार के लिए माफ़ी माँगी। तेहरान के सिनेमा हाल 'कूचे लालजार' में फ़िल्म के प्रीमियर पर भारी भीड़ जुटी थी। राज कपूर नीले सूट और लाल टाई में जब मंच पर आये तो ईरानियों ने समझा कि कोई कम्युनिस्ट आ गया है। फ़िल्म के शो के बाद राज कपूर ईरान में सुपरस्टार बन चुके थे। उन्हें भीड़ ने बुरी तरह घेर लिया। पुलिस बुलानी पड़ी। उन्हें बड़ी मुश्किल से क़ैदियों को जेल ले जानेवाली बख़्तरबन्द गाड़ी में पीछे से बिठाकर वहाँ से निकाला गया।

लन्दन में गोपीचन्द हिन्दुजा और अभिनेता अली फ़ज़ल।

'श्री 420' ईरान में ख़ूब चली। आज यह विश्वास करना मुश्किल है कि तेहरान के शाहबाज़ सिनेमा में फ़िल्म 'श्री 420' डेढ़ साल तक चली। कम्पनी को काफ़ी मुनाफ़ा हुआ। फिर राज कपूर की पहली फ़िल्म 'आग' (1948) को हमने ईरान में रिलीज़ किया जो कम सफल रही। देवानन्द और गीता बाली की 'बाजी' भी ख़ूब सफल रही। यह सिलसिला चल निकला और हमने क़रीब बारह सौ हिन्दी फ़िल्मों को भारत के बाहर विभिन्न देशों में प्रदर्शित किया और एक फ़िल्म में भी घाटा नहीं हुआ। उस ज़माने की सभी सफल और बड़ी फ़िल्में हमारे पास थीं।

तेहरान में 'मदर इंडिया' (1957) के प्रीमियर पर सुनील दत्त और नरगिस आये। उस समय ईरान में नरगिस सुपरस्टार बन चुकी थीं। उनकी एक झलक पाने को ईरानी बेताब थे, जबकि सुनील दत्त को वहाँ कोई जानता नहीं था। जब प्रीमियर पर वे सिनेमा हाल में आये तो नरगिस को ईरानियों ने घेर लिया और सुनील दत्त को किसी ने पूछा तक नहीं। इससे वे बहुत परेशान हो गये। गिरिधर जी ने तब उन्हें अपने साथ बिठाया और इधर–उधर की बातों में उलझाये रखा।

लन्दन में आपने हिन्दी सिनेमा को कैसे सफल बनाया? 'संगम' से पहले वहाँ चारों शो में हिन्दी फ़िल्में लगती ही नहीं थीं।'

लन्दन के टोटरम कोर्ट इलाक़े में एक सिनेमा हाल हुआ करता था, 'ईस्काला'। जब हमने ईस्काला के मैनेजर को ईरान, मिस्र और सारी दुनिया में संगम फ़िल्म की सक्सेस स्टोरी बतायी और फ़िल्म प्रदर्शित करने को कहा तो उस गोरे को हमारी बातों पर विश्वास ही नहीं हुआ। उसने कहा कि मैं दो हफ़्ते के लिए चारों शो के सारे टिकट भारी कमीशन पर ख़रीद

कर संगम रिलीज़ कर सकता हूँ। हमने ऐसा ही किया। लन्दन में भी संगम हाउसफुल चली। तभी से लन्दन में हिन्दी फ़िल्में चारों शो में लगनी शुरू हुईं। इससे पहले लन्दन में हिन्दी फ़िल्में केवल सप्ताहान्त में मैटनी शो में ही लगती थीं। हमने मनोज कुमार की फ़िल्म 'पूरब और पश्चिम' की लन्दन में शूटिंग में काफ़ी मदद की।

आप लोग रिचर्ड एटनबरो से 'गाँधी' फ़िल्म बनाने के लिए बात कर चुके थे, बाद में क्या हुआ? आपने यह फ़िल्म क्यों छोड़ दी?

हाँ, हम बात कर चुके थे। तभी भारत सरकार को इसके बारे में पता चला। उसी समय भारत सरकार ने राष्ट्रीय फ़िल्म विकास निगम (एन. एफ. डी. सी.) बनाया था। सरकार ने हमसे कहा कि चूँकि यह राष्ट्रपिता महात्मा गाँधी का मामला है और इससे देश की प्रतिष्ठा जुड़ी हुई है इसलिए इस फ़िल्म को भारत सरकार को ही प्रोड्यूस करने दिया जाये। इस वजह से हम बाहर आ गये।

हमने 1955 से 1978 तक जब एन.एफ.डी.सी. नहीं था, बैंक फ़िल्म निर्माताओं को क़र्ज़ नहीं देते थे और हमारा फ़िल्म उद्योग भयानक मन्दी का शिकार था तो सैकड़ों फ़िल्मों में पूँजी निवेश किया। हमने उस समय के सभी प्रमुख फ़िल्म निर्माताओं को आर्थिक सहायता दी।

आपने फ़िल्म बिज़नेस को अलविदा क्यों कह दिया?

इसकी दो वजहें थीं। एक तो हमारा बिज़नेस इतना बढ़ गया था कि हमारे पास समय नहीं बचता था। दूसरे धीरे–धीरे सिनेमा के बिज़नेस में कुछ अलग तरह के लोग आने लगे थे जिनके लिए किसी भी तरह पैसा कमाना ही मुख्य हो गया था। राज कपूर, देवानन्द, दिलीप कुमार जैसे लोग दुर्लभ हो गये थे। हमने 1978 में सिनेमा से सम्बन्धित अपना सारा बिज़नेस लालचन्द लूंड को बेच दिया। हालाँकि बाद में भी हमने कई फ़िल्म निर्माताओं की मदद ज़ारी रखी।

पराई संस्कृति थी, सोचा हिंदी फिल्में दिखाई जाएं

जिसे हम हिंदी सिनेमा का स्वर्ण युग कहते हैं, वह हिंदी फिल्मों की वैश्विक सांस्कृतिक यात्रा का भी स्वर्ण युग था। हिंदी फिल्मों का बिजनेस आज सारी दुनिया में अच्छा चल रहा है, लेकिन इसकी बुनियाद 1955 में हिंदुजा बंधुओं ने ईरान में रखी थी। 1955 से 1984 तक करीब 1200 हिंदी फिल्मों को हिंदुजा बंधुओं ने दुनिया भर में प्रदर्शित किया, और इस तरह बना बॉलिवुड। हिंदी सिनेमा के इस गौरवशाली अलिखित इतिहास को लेकर इंग्लैंड में भारतीय मूल के सबसे अमीर इंसान, उद्योगपति गोपीचंद हिंदुजा ने अजित राय से बातचीत में कई दिलचस्प खुलासे किए। लंदन में हुई इस बातचीत के मुख्य अंश :

सप्ताह का इंटरव्यू

गोपीचंद हिंदुजा

> तेहरान में उच्च वर्ग केवल हॉलिवुड की फिल्में देखने जाता था जो चार-पांच दिन में उतर जाती थीं क्योंकि उच्च वर्गीय दर्शकों की संख्या काफी कम थी। हिंदी सिनेमा ने आम ईरानी दर्शकों को जोड़ा। शहबाज सिनेमा का मालिक हबीब मलिक हिंदी फिल्मों का दीवाना हो गया था। मुश्किल से फिल्म उतारने पर राजी होता

■ गोपीचंद जी, हिंदी सिनेमा की सांस्कृतिक वैश्विक यात्रा की जो शुरुआत 1955 में ईरान में हुई, इसका विचार कैसे आया क्योंकि आप लोग तो वहां व्यापार करने गए थे?

व्यापार करना तो हमें पांच हजार साल पुरानी सिंधु घाटी सभ्यता से विरासत में मिली है, जब इस धरती पर इंसान ने संगठित व्यापार और बैंकिंग का पहला पाठ पढ़ा था। मेरे पिता परमानंद दीपचंद हिंदुजा उसी विरासत को लेकर पाकिस्तान के सिंध प्रांत के शिकारपुर शहर से 1914 में मुंबई (तब बंबई) आए थे। वे 1919 में ईरान गए और तेहरान में अपना दफ्तर खोला। भारत से बाहर अपना बिजनेस ऑफिस खोलने वाले वे पहले भारतीय थे। बाद में बिजनेस चल निकला तो पिताजी ने मुंबई से मेरे सबसे बड़े भाई गिरिधर हिंदुजा को वहां बुला लिया। गिरिधर के बेटे धरम हिंदुजा के नाम पर ही करण जौहर की कंपनी है धर्मा प्रॉडक्शन। करण जौहर के पिता यश जौहर हमारे साथ काम कर चुके थे। उस समय ईरान में बड़ी संख्या में भारतीय काम करते थे। पराया देश था, पराई संस्कृति थी, तो भाई साहब ने सोचा कि क्यों न यहां हिंदी फिल्में दिखाई जाएं जिससे भारतीयों का मनोरंजन हो और हमारी संस्कृति का भी प्रचार-प्रसार हो। मेरे दूसरे बड़े भाई श्रीचंद हिंदुजा को मुंबई में इस काम में लगाया गया। यहां हमारे सबसे छोटे भाई अशोक हिंदुजा उनकी मदद करते थे। बाद में प्रकाश हिंदुजा ने यह काम संभाला, जो मुझसे छोटे भाई हैं। श्रीचंद राजकपूर के मित्र थे। तो यह सिलसिला ईरान में राजकपूर की फिल्म 'श्री 420' से 1955 में शुरू हुआ।

■ ईरान में तो उस समय हॉलिवुड की फिल्मों का बोलबाला था या फिर ईरानी फिल्में चलती थीं। फिर आप लोगों ने हिंदी सिनेमा का इतना जबरदस्त बिजनेस कैसे स्थापित किया?

इसकी भी बड़ी दिलचस्प कहानी है। हमने तेहरान के सबसे संभ्रांत सिनेमा हाल 'सादी' में राज कपूर को ले जाकर अक्टूबर 1964 में 'संगम' फिल्म लगाई जो तीन हफ्ते हाउसफुल गई। फिर 'सादी' का मालिक यजदानी मेरे पास आया और बोला कि उसने 'संगम' फिल्म उतार दी है क्योंकि हॉलिवुड की फिल्में देखने के अभ्यस्त उसके संभ्रांत दर्शक नाराज हो जाएंगे और उसका बिजनेस चौपट हो जाएगा। दूसरी सुबह मैं ठीक उसके सामने के सिनेमा हाल 'हकिम' के मालिक से मिलने गया। उसने कहा कि पैसे की बड़ी तंगी है, बिजनेस ठीक नहीं चल रहा। मैंने उसे इस शर्त पर दस लाख रुपए का कर्ज दिया कि वह हकिम सिनेमा हॉल में हमारी हिंदी फिल्में लगाएगा। वह खुशी से उछल पड़ा। उसी दिन शाम तीन बजे के शो में उसने हॉलिवुड की 'फोर हॉर्सेज' उतारकर हमारी 'संगम' लगा दी। फिर तो 'संगम' ने रिकार्ड तोड़ दिया और तीन साल चली। उस जमाने में तेहरान में उच्च वर्ग केवल हॉलिवुड की फिल्में देखने जाता था जो चार-पांच दिन में उतर जाती थीं क्योंकि उच्च वर्गीय दर्शकों की संख्या काफी कम थी। हिंदी सिनेमा ने आम ईरानी दर्शकों को जोड़ा। शहबाज सिनेमा का मालिक हबीब मलिक हिंदी सिनेमा का दीवाना हो गया था। बड़ी मुश्किल से वह फिल्म उतारने पर राजी होता।

■ क्या ईरान में हिंदी फिल्में फारसी या अंग्रेजी सबटाइटल्स के साथ रिलीज होती थीं?

शुरू में ऐसा था, पर बाद में हमने मुंबई के फिल्मिस्तान स्टूडियो में एक डबिंग ऑफिस खोला जिसमें सारी हिंदी फिल्मों को हम फारसी में डब कर देते थे। हम ईरान से ऐसे कलाकारों को बुलाते थे जिनकी आवाजें भारतीय कलाकारों से मिलती जुलती थीं। इतना ही नहीं, मैं 18-20 रील की फिल्मों को संपादित करके 10-12 रील की बना देता था। लोगों का मानना था कि मुझे फिल्म एडिटिंग में महारत हासिल है। मैंने राज कपूर से बिना बताए फारसी में 'संगम' को काटकर चार घंटे से दो घंटे की फिल्म बना दी। तेहरान में उसके प्रीमियर पर श्रीचंद हिंदुजा राज कपूर को लेकर आए। मैं अंदर से डरा हुआ था कि कहीं वे नाराज न हो जाएं। शाम को फिल्म का प्रीमियर शुरू हुआ। थियेटर की बालकनी में राज कपूर के एक ओर श्रीचंद बैठे और दूसरी ओर मैं। जब तक फिल्म चलती रही, राज कपूर चुपचाप फिल्म देखते रहे और स्कॉच पीते रहे जो हमने उनके लिए खासतौर पर लंदन से मंगवाई थी। फिल्म खत्म होने पर उन्होंने मुझे गले लगा लिया और कहा कि इतनी अच्छी एडिटिंग खुद वे भी नहीं कर सकते थे। उसके बाद उन्होंने जो भी फिल्म बनाई, सबसे पहले मुझे दिखाई और मेरी सलाह ली।

■ आप लोग रिचर्ड एटनबरो से 'गांधी' फिल्म बनाने के लिए बात कर चुके थे, बाद में आपने यह फिल्म क्यों छोड़ दी?

हां, हम बात कर चुके थे। तभी भारत सरकार को इस बारे में पता चला। उसी समय भारत सरकार ने राष्ट्रीय फिल्म विकास निगम (एनएफडीसी) बनाया था। सरकार ने हमसे कहा कि यह राष्ट्रपिता महात्मा गांधी का मामला है और इससे देश की प्रतिष्ठा जुड़ी है इसलिए इस फिल्म को उसे ही प्रोड्यूस करने दिया जाए। इस वजह से हम बाहर आ गए।

■ आपने फिल्म बिजनेस को अलविदा क्यों कह दिया?

इसकी दो वजहें थीं। एक तो हमारा बिजनेस इतना बढ़ गया था कि हमारे पास समय नहीं बचता था। दूसरे, धीरे-धीरे सिनेमा बिजनेस में कुछ अलग तरह के लोग आने लगे थे जिनके लिए किसी भी तरह पैसा कमाना ही मुख्य हो गया था।

नवभारत टाइम्स, 30 जनवरी 2021

8

राज कपूर : हर दिल जो प्यार करेगा वो गाना गायेगा–गोपीचन्द हिन्दुजा

राज कपूर की बेटी ऋतु नन्दा ने अपने पिता पर एक किताब लिखी है–'राज कपूर : दि वन एंड ओनली शोमैन।' यह किताब हार्पर कॉलिंस प्रकाशन से 2017 में छपी है। इस किताब में गोपीचन्द हिन्दुजा ने राज कपूर के बारे में एक टिप्पणी लिखी है जो पृष्ठ संख्या 240–244 पर छपी है। यहाँ हम इस पुस्तक से साभार गोपीचन्द हिन्दुजा की अंग्रेज़ी में लिखी उस महत्त्वपूर्ण टिप्पणी को हिन्दी में दे रहे हैं–**अजित राय**।

"जब हमने 1957 में दुनिया भर के दर्शकों के लिए राज कपूर की कई मास्टरपीस फ़िल्मों को वितरित और प्रदर्शित करना शुरू किया और उनके वर्ल्ड प्रीमियर आयोजित किये तो राज कपूर के चाहने वाले खुशी से झूम उठे। यह कारोबारी रिश्ता जल्दी ही हमारे और राज कपूर, उनकी पत्नी कृष्णा कपूर और उनके दोनों बच्चों–रणधीर कपूर, ऋषि कपूर–के साथ गहरे पारिवारिक रिश्ते में बदल गया। राज कपूर के साथ हमारा यह रिश्ता हमारी सबसे प्यारी यादें बनकर हमेशा के लिए हमारे दिलों में सुरक्षित है। मैं उन लोगों को सलाम करता हूँ जो बिना यह सोचे कि बदले में उन्हें क्या मिलेगा, अपना सब कुछ दाँव पर लगा देते हैं–'हर दिल जो प्यार करेगा वो गाना गायेगा।' इस गाने की पंक्तियाँ भी यही कहती हैं। राज कपूर केवल एक ग्रेट शो मैन ही नहीं थे, वे एक सम्पूर्ण शो मैन, एक दार्शनिक शोमैन थे जिन्होंने ज़िन्दगी की दुर्लभ बारीक़ियों को समझा और अपनी फ़िल्मों में उन्हें इतने सहज तरीक़े से पेश किया कि दर्शक उस पर तुरन्त विश्वास करने लगे। वे एक अच्छे इन्सान थे जिनके हृदय में आम आदमी गूँजता रहता था।

वे एक दुर्लभ फ़िल्मकार, प्रोड्यूसर, अभिनेता, निर्देशक, संगीत की समझ रखने वाले इन सारे गुण से सम्पन्न थे, जिससे सिनेमा की कला में ऐसी अद्भुत क्षमता हो जाये, जो आमतौर पर किसी एक व्यक्ति में मिलनी मुश्किल होती है। उन्होंने क़ाबिल लोगों की अपनी एक ऐसी टीम बनायी जो उनके पीछे खड़ा रहकर उनके विज़न को समझ सके, यह ठीक–ठीक जान सके कि उनके मन में क्या चल रहा है और उसे सिनेमा के पर्दे पर ठीक उसी रूप में उतार सके जैसाकि राज कपूर चाहते थे। आज तक कोई भी उनकी जगह नहीं ले सका है और शायद न कोई उनकी जगह ले सकेगा। वे अपनी फ़िल्मों में ही जीते थे, साँस लेते थे। ये फ़िल्में उनके जीवन का दर्शन थीं जिसे 70 एम. एम. पर्दे पर दिखाया जाता रहा। उनकी फ़िल्में समयातीत हैं और इस तरह ईश्वर की बनायी हुई हमारी दुनिया में वे भी समयातीत हैं।

श्रीचन्द हिन्दुजा के विवाह समारोह में उनके पिता परमानन्द हिन्दुजा के साथ राज कपूर।

एक इन्सान के रूप में राज कपूर जीवन के हर मौक़े की जान थे, चाहे वह कोई पार्टी हो, अनौपचारिक जमावड़ा हो या फ़िल्म का प्रीमियर हो। उनके और हिन्दुजा परिवार के बीच कभी न ख़त्म होने वाले रिश्ते की शुरुआत मेरे बड़े भाई स्वर्गीय गिरिधर हिन्दुजा के प्रति उनके प्रेम से हुई। उनके बाद इस रिश्ते को मेरे बड़े भाई श्रीचन्द हिन्दुजा ने आगे बढ़ाया और फिर मैंने। उनकी फ़िल्मों को विदेशों में ले जाने के दौरान उनके साथ बिताये हुए समय, उनकी निकटता और उनके बारे में आज भी मैं ताज़ा–ताज़ा याद कर सकता हूँ। रूस, मध्य पूर्व और ईरान में वे हमारे तब के प्रधानमन्त्री जवाहरलाल नेहरू की तरह ही लोकप्रिय थे और कुछ देशों में तो वे नेहरू से भी अधिक लोकप्रिय हो गये थे।

राज कपूर विदेशों में भारतीय संस्कृति के अद्वितीय राजदूत थे। दुनिया भर में चाहे वह सीरिया, जॉर्डन, लेबनान, मिस्र, ग्रीस, रूस, ईरान या लन्दन (इंग्लैंड) में भी,

यह श्रेय अकेले राज कपूर को जाता है, जिनकी वजह से यहाँ के फ़िल्म बाज़ार में हमारी फ़िल्मों ने जगह बनायी और आज के बॉलीवुड के लिए रास्ता खोला। पीछे मुड़कर देखें तो लन्दन में भारतीय फ़िल्में केवल सप्ताहान्त के मैटनी शो में ही लगती थीं। जब राज कपूर की फ़िल्म 'संगम' रिलीज़ हुई तो हमने लन्दन में एक सिनेमा हाल पूरे सप्ताह (हर दिन चार शो) के लिए बुक कर दिया, जबकि सिनेमा हाल के मालिक लोग यह देखकर चकित थे कि कहीं हम पागल तो नहीं हो गये हैं। जब संगम लगी तो हर शो हाउसफुल गया। यह चमत्कार राज कपूर के कारण सम्भव हुआ और हमारे कारण जिस पर पहले लोग हम पर हँस रहे थे।

जब तेहरान में 'श्री 420' के प्रीमियर के मौक़े पर राज कपूर गये तो सिनेमा हाल को जाने वाले सारे रास्ते उनके प्रशंसकों से जाम हो गये और राज कपूर को वहाँ से निकालना मुश्किल हो गया था। मुझे याद है कि उन्होंने नेवी ब्लू सूट पहन रखा था और गले में लाल टाई बाँध रखी थी। उस समय लाल रंग कम्युनिज़्म का प्रतीक था और उस समय की ईरानी सरकार कम्युनिस्ट विचारधारा को पसन्द नहीं करती थी। हमने उनको लाल टाई उतारने के लिए राज़ी किया और ईरानी पुलिस का बन्दोबस्त किया जो उन्हें सिनेमा हाल के पिछले दरवाज़े से क़ैदियों को जेल ले जाने वाली गाड़ी में भगा ले जाये।

हिन्दुजा बन्धुओं के फ़िल्म ऑफ़िस में राज कपूर, ईरानी डबिंग कलाकार और श्रीचन्द हिन्दुजा।

राज कपूर को नाइट लाइफ और नाइट क्लब बहुत पसन्द थे। जब भी वे किसी नाइट क्लब में जाते थे तो वहाँ पहले से चल रहा प्रोग्राम बन्द हो जाता था और उनसे इसरार किया जाता था कि वे बीच में मंच पर अपना स्थान ग्रहण करें। वे अपने चाहने वालों को कभी निराश नहीं करते थे और तत्काल अपनी फ़िल्मों 'आवारा', 'मेरा नाम जोकर', 'श्री 420' आदि के गाने सुनाने लगते थे। तालियों का बजना रुकने

का नाम नहीं लेता था और फ़रमाइशें बढ़ती जाती थीं। राज कपूर भी अपने चाहने वालों को कभी निराश नहीं करते थे क्योंकि वे और उनके चाहने वालों को अलग नहीं किया जा सकता था।

ईरान की राजधानी तेहरान में उनकी महान फ़िल्म 'संगम' तीन साल तक लगातार चलती रही और पहले शो से लेकर आख़िरी शो तक सिनेमा हाल दर्शकों से खचाखच भरा रहा। हमने अक्सर उन फ़िल्मों के बारे में सुना है जो अपनी भाषा में अपने देश में चलने का इतना शानदार रिकॉर्ड बनाती हैं। पर एक भारतीय फ़िल्म का किसी विदेशी धरती पर ईरान जैसे दूसरे देश में जहाँ उनकी अपनी फ़िल्में तीन हफ़्ते से ज़्यादा नहीं चलतीं, लगातार बिना ब्रेक के तीन साल तक चलना, असाधारण घटना है। एक बार राज कपूर को ईरान में एक टेलीविज़न स्टेशन का उद्घाटन करने के लिए आमन्त्रित किया गया। केवल फीता काटने और बटन दबाकर औपचारिकता पूरी करने बजाय वे अपनी फ़िल्म 'जिस देश में गंगा बहती है' का अपना परिधान पहनकर और गले में ढोलक डालकर गाते हुए पहुँचे–'हम उस देश के वासी हैं जिस देश में गंगा बहती है।' इस उद्घाटन समारोह से पूरे ईरान में तहलका मच गया। उस दिन से वह टी.वी. स्टेशन लगातार फलता–फूलता रहा। ईरान में आज के मशहूर गायक गोगूश जो उस समय केवल एक बाल कलाकार थे, उन्होंने राज कपूर की मदद से 'इचक दाना, पीचक दाना, दाने ऊपर दाना' गाते हुए अपना करियर बनाया।

फ़िल्मों के ओवरसीज़ अधिकार की ख़रीद–बिक्री में जो क़ानूनी–अनुबन्ध होता था, उसमें एक शर्त यह होती थी कि फ़िल्म का सम्पादन नहीं किया जायेगा। लेकिन ईरान के फ़िल्म बाज़ार की ज़रूरतों को देखते हुए हमने 'संगम' को न सिर्फ़ सम्पादित किया, बल्कि उसे फ़ारसी में डब भी कर दिया। फ़िल्म पहले ही हीरक जयन्ती मना चुकी थी। राज कपूर तेहरान आये और उन्होंने सिनेमा हाल में 'संगम' का सम्पादित

फ़ारसी संस्करण देखने की इच्छा जतायी। पहले तो हम ना–नुकुर करते रहे, उन्हें बहलाते–फुसलाते रहे। जब उन्होंने बहुत ज़ोर डाला तो हम उन्हें सिनेमा हाल में फ़िल्म दिखाने ले गये। वे चुपचाप फ़िल्म देखते रहे और मेरी साँस फँसी रही। मैं डर रहा था क्योंकि मैं उनके गुस्से को जानता था। हमने बिना उन्हें बताये उनकी फ़िल्म को काटकर छोटा कर दिया था। तब मेरे सुखद आश्चर्य का ठिकााना न रहा जब फ़िल्म ख़त्म हुई तो राज कपूर ने मुझे गले लगाते हुए कहा–''जी. पी. इससे बेहतर तो इस फ़िल्म को मैं भी सम्पादित नहीं कर सकता था।''

गीत और संगीत राज कपूर की आत्मा में बसते थे। वे अपनी फ़िल्मों में हर एक गीत और उसके संगीत पर ख़ुद ध्यान देते थे। वे लन्दन में हमारे घर अक्सर आते थे और ज़मीन पर हारमोनियम लेकर बैठ जाते थे और गाना गाते थे। एक बार उन्होंने गाया–'जाने कहाँ गये वो दिन, कहते थे तेरी राह में नज़रों को हम बिछायेंगे।' बाद में यह गाना उनकी दार्शनिक आत्मकथात्मक फ़िल्म 'मेरा नाम जोकर' का सिग्नेचर गीत बना जो तब तक केवल शब्दों में था। उन्होंने मुझसे पूछा–"गोपी क्या कहता है?"

मैंने तुरन्त जवाब दिया कि यह गाना ज़बरदस्त हिट होगा और सच में जब फ़िल्म रिलीज़ हुई तो यह गाना सुपरहिट हुआ।

राज कपूर ज़िन्दगी को लेकर हमेशा उत्तेजना से भरे रहते थे। वे खाने के बेहद शौक़ीन थे। जब वे प्राइवेट पार्टियाँ करते थे तो परोसे जाने वाले व्यंजनों का चुनाव भी वे खुद ही करते थे। वे अद्‌भुत होस्ट थे और लोग चटकारे ले–लेकर खाना खाते थे और उँगलियाँ चाटते रह जाते थे। एक बार वे तेहरान आये। मेरी नयी–नयी शादी हुई थी। उन्होंने रात के तीन बजे मुझे फ़ोन किया और भेड़ (लैंब) के सिर और पैर से बनने वाले एक ख़ास ईरानी डिश 'काले पाचे' खाने की फ़रमाइश कर दी। शाकाहारी होने और बेवक़्त होने के कारण मैं उन्हें एक नाइट क्लब के सामने सड़क के उस पार रेस्त्राँ में ले गया। वे वोदका के साथ जिस तन्मयता और चाव से अपना पसन्दीदा खाना 'काले पाचे' खाये जा रहे थे, उसे देखकर रेस्त्राँ के मालिक ने मुझे समझाया कि इन्हें और न परोसा जायें। जब वे पेट भरकर पूरी तरह खा चुके और तृप्त हो चुके तो मैंने उन्हें हिल्टन होटल के उनके कमरे में पहुँचाया और वे अच्छे से सो गये और दूसरे दिन दोपहर बाद आराम से उठे। उन्होंने मुझे बुलाया और कहा–"चलो कहीं बाहर मस्ती करके आते हैं। ज़िन्दगी के प्रति ऐसी उनकी चाहत थी। हमने होटल की लॉबी में उनके इन्तज़ार में खड़ी ईरानी लड़कियों को बड़ी मुश्किल से चकमा दिया और कार में बैठकर भाग निकले। हमारे साथ उनके अन्तरंग मित्र और सह–अभिनेता राजेन्द्र कुमार भी थे। हम आब अली शहर के एक स्काई रिज़ॉर्ट में पहुँचे। हम तीनों टट्टुओं पर बैठकर पहाड़ पर चढ़े और हमने वहाँ यादगार समय बिताया। राज कपूर ने मेरे सामने स्वीकार किया–"यह अब तक के मेरे जीवन का सबसे अच्छा 'आउटिंग' अनुभव है।"

अपनी आकर्षक पत्नी कृष्णा कपूर और तीन बच्चों–रणधीर कपूर, ऋषि कपूर और ऋतु नन्दा–के साथ राज कपूर मेरे बड़े भाई श्रीचन्द हिन्दुजा और मेरी शादी में आये थे जो संयोग से एक ही दिन हो रही थी। उन्होंने सभी अतिथियों के सामने माइक पर घोषणा की–''मैं हिन्दुजा परिवार का ही एक हिस्सा हूँ।''

उन्होंने मेरे पिता से उनकी गाँधी टोपी माँगी और उससे खेलते हुए उन्होंने हम सबके साथ पोज दे–देकर शादी में फ़ोटो खिंचवायी। राज कपूर के निधन के बाद भी कृष्णा भाभी और उनके सभी बच्चों के साथ हमारा प्रगाढ़ पारिवारिक रिश्ता बना रहा और आज भी ज़ारी है। जब हम ईरान से लन्दन आकर बस गये तो हमने अपने लन्दन स्थित मुख्य ऑफ़िस का नाम राज कपूर की महान फ़िल्म के नाम पर संगम लिमिटेड रखा। वे हमारे दिल में हैं, हमारे भाई, राज!!!

9

फ़िल्म इंडस्ट्री के लोगों का कहना है

यदि 1954–55 से लेकर 1984–85 तक हिन्दी फ़िल्म इंडस्ट्री के इतिहास पर नज़र डालें तो हम पाते हैं कि इस दौरान मुम्बई में कोई ऐसा बड़ा प्रोडक्शन हाउस नहीं था जिसने हिन्दुजा बन्धुओं के साथ काम नहीं किया हो या जिसकी फ़िल्मों को हिन्दुजा बन्धुओं ने विदेशों में प्रदर्शित न किया हो। आज हम जिन फ़िल्मों को ब्लॉक बस्टर, सुपर–डुपर हिट और ऐतिहासिक महत्त्व का मानते हैं उनमें से अधिकांश फ़िल्मों में हिन्दुजा बन्धुओं ने न सिर्फ़ पैसे लगाये, बल्कि उन्हें दुनिया भर में प्रदर्शित भी किया। इसी विषय पर प्रस्तुत हैं फ़िल्म इंडस्ट्री के कुछ नामचीन हस्तियों के विचार–

हिन्दुजा बन्धु हमारी फ़िल्म इंडस्ट्री के स्तम्भ रहे हैं : धर्मेन्द्र

हिन्दी सिनेमा के दिग्गज अभिनेता धर्मेन्द्र कहते हैं–''हिन्दुजा बन्धु हमारी फ़िल्म इंडस्ट्री के स्तम्भ रहे हैं जिसकी बुनियाद पर आज का सारा बॉलीवुड विकसित हुआ है। मुझे याद है कि उस ज़माने में हिन्दी फ़िल्म इंडस्ट्री भयानक मन्दी से जूझ रही थी। बैंक फ़िल्म वालों को क़र्ज़ नहीं देते थे। पैसे की कमी के कारण कई फ़िल्में बीच में ही बन्द हो जाती थीं। तब हिन्दुजा बन्धुओं ने हमारी फ़िल्म इंडस्ट्री को भारी मदद की। इनका हाथ सबकी मदद करने के लिए हमेशा खुला रहता था। सनी देओल की पहली फ़िल्म 'बेताब' (1983) को इन लोगों ने ही फाइनेंस किया था। उसके बाद भी जब भी मैं इनके पास गया तो इनसे मिलते ही मेरी फ़िक्र दूर हो गयी। इन्होंने मेरी खुलकर मदद की। मैं डिटेल्स में नहीं जाऊँगा, बस इतना ही कहूँगा कि हिन्दुजा बन्धुओं से मेरा पारिवारिक रिश्ता एक बार जो बना वह अभी तक क़ायम है।''

धर्मेन्द्र याद करते हैं कि रामानन्द सागर की फ़िल्म 'आँखें' की शूटिंग में हिन्दुजा बन्धुओं ने काफ़ी मदद की। वे कहते हैं, "मैं इनके आमन्त्रण पर ईरान गया और इन लोगों ने वहाँ मुझे ज़बरदस्त प्यार दिया, ख़ूब ख़ातिरदारी की। तेहरान में मेरे साथ रणछोड़ जुमानी होते थे। बाद में तो हमारी लगभग सभी फ़िल्मों को इन्होंने खुलकर सपोर्ट किया। ये लोग मुझे और भी कई देशों में ले गये। मुझे यह देखकर आश्चर्य होता था कि वहाँ पर हमारी फ़िल्में ख़ूब पसन्द की जाती थी।"

हिन्दुजा बन्धुओं ने तेहरान में अपने ऑफ़िस का नाम ही आरज़ू रख लिया था : प्रेम सागर

रामानन्द सागर के बेटे प्रेम सागर उस दौर को याद करते हुए कहते हैं, ''हिन्दुजा बन्धुओं ने हमारी फ़िल्म 'आरज़ू' (1965) को जब दुनिया भर में प्रदर्शित किया तो तहलका मच गया। यह फ़िल्म उन देशों में भी बॉक्स ऑफ़िस पर सफल रही जहाँ हम सोच भी नहीं सकते थे। दक्षिण अमेरिकी देशों के साथ–साथ यह फ़िल्म पाँचों महादेशों में गयी। मध्य पूर्व, सूरीनाम और पेरू में 'आरज़ू' ने अच्छा बिज़नेस किया। मलयेशिया में जब फ़िल्म चलती थी तो सिनेमा के पर्दे के दोनों ओर एक लड़का और लड़की साथ–साथ 'लाइव मैनुअल डबिंग' करते थे। होता यह था कि फ़िल्म के कलाकारों के संवाद का साउंड ट्रैक बन्द कर दिया जाता था और लड़का फ़िल्म के पुरुष कलाकारों के और लड़की स्त्री कलाकारों के डायलॉग स्वर अभिनय के साथ मलय भाषा में लाइव बोलते थे। यह आइडिया प्रकाश पी. हिन्दुजा का था।'' प्रेम सागर आगे कहते हैं'' परमानन्द हिन्दुजा का ग्लोबल विज़न बहुत बड़ा था। उन्हीं के कारण हिन्दुजा परिवार इतना आगे बढ़ा। मेरे पिता रामानन्द सागर परमानन्द हिन्दुजा को 1950 से जानते थे जब हिन्दुजा बन्धु बहुत छोटे थे। इन लोगों की एक ख़ासियत यह थी कि ये लोग बिज़नेस के साथ–साथ परिवारों को भी जोड़ते थे और ख़ूब ख़ातिर करते थे। 'आरज़ू' फ़िल्म की ग्लोबल सफलता में हिन्दुजा बन्धुओं का ही सबसे महत्त्वपूर्ण योगदान है। आप सोचिए कि इन्होंने ब्रिटिश गयाना, जकार्ता (इंडोनेशिया) आदि कई शहरों में हिन्दी फ़िल्मों के लिए सिनेमा हाल खोला। ब्रिटिश गयाना में इनका काम प्रदीप सन्थानी सँभालते थे। दुनिया भर में हमारी फ़िल्म 'आरज़ू' इतनी अधिक सफल हुई कि हिन्दुजा बन्धुओं ने तेहरान में अपने ऑफ़िस का टेलीग्राफ़िक पता 'आरज़ू' रखा। लन्दन में उन्होंने 'संगम' रखा।''

प्रेम सागर याद करते हैं, ''जब उनके पिताजी (रामानन्द सागर) ने 'आँखें' (1968) फ़िल्म शुरू की तो उसकी शूटिंग दुनिया के कई देशों में होनी थी मसलन जापान, वेनिस, हांगकांग, सिंगापुर, बेरूत आदि। यदि हिन्दुजा बन्धुओं ने पिताजी की मदद नहीं की होती तो फ़िल्म बन ही नहीं पाती। एक तो विदेशों में हर जगह उनके लोग थे और दूसरे उन दिनों भारत में विदेशी मुद्रा का भयानक अभाव था। तेहरान में श्रीचन्द हिन्दुजा और गोपीचन्द हिन्दुजा ने बड़ी मदद की। वहाँ वे फ़िल्म यूनिट को जिसमें धर्मेन्द्र भी थे, एक ऐसे रेस्त्राँ में ले गये जहाँ सोडे वाली लस्सी और लज़ीज़ कबाब मिलते थे और बैठने के लिए कुर्सी टेबल की जगह खाटें थीं।

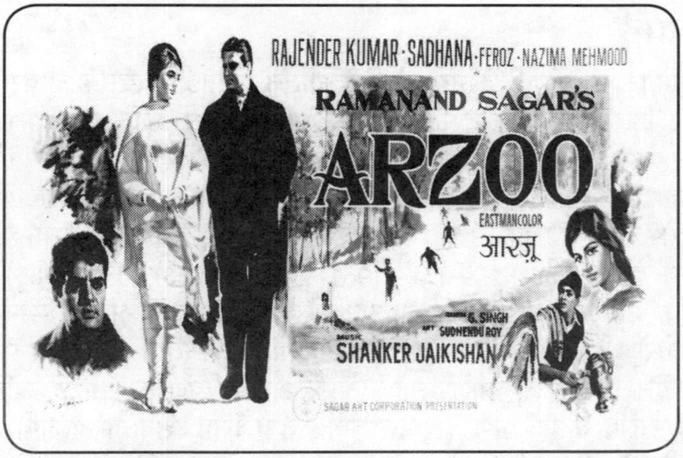

''मुम्बई के तारदेव इलाक़े में फ़िल्म सेंटर नाम से एक ऑफ़िस था जहाँ रात–रात भर काम होता था। यहीं पर फ़िल्मों की फ़ारसी में डबिंग और एडिटिंग होती थी। इसके मालिक शशि भाई पटेल थे जिनके भाई रमेश पटेल की बेटी से रमेश सिप्पी

की शादी हुई थी। शादी से याद आया कि हमारे सीरियल रामायण में राम और सीता की शादी का जो म्यूज़िक है वह हिन्दुजा बन्धुओं की शादी से लिया गया है। हम लोग जब भी लन्दन गये हिन्दुजा बन्धुओं के घर शाकाहारी सिन्धी ख़ाना ख़ाने ज़रूर गये। कई बार हम हे मार्केट से, जहाँ आज उनका ऑफ़िस है, पैदल ही उनके घर कार्लटन हाउस टैरेस चले जाते थे। वहाँ जाते ही हम यह सोचकर रोमांचित हो जाते थे कि जिस घर में हिन्दुजा परिवार रहता है और जहाँ हम ख़ाना खा रहे हैं, वहाँ कभी ब्रिटेन की महारानी विक्टोरिया रहती थी।''

हिन्दुजा बन्धुओं के लिए पैसा नहीं, नीयत मायने रखती थी : केतन देसाई

मशहूर फ़िल्मकार मनमोहन देसाई के बेटे केतन देसाई कहते हैं, ''वैसे तो हिन्दुजा बन्धुओं ने मेरे पिता मनमोहन देसाई की शुरुआती फ़िल्म 'छलिया' (1960, राज कपूर, नूतन, प्राण, रहमान आदि) से लेकर आख़िरी फ़िल्म 'अनमोल' (1993, ऋषि कपूर, मनीषा कोइराला) तक लगभग सभी फ़िल्मों को किसी–न–किसी रूप में सपोर्ट किया, लेकिन हमारी कम–से–कम पाँच फ़िल्में तो पूरी तरह उन्होंने ही बनवायीं। इनमें से चार तो मेरे पिता मनमोहन देसाई की थीं, 'नसीब' (1981) 'कुली' (1983) 'मर्द' (1985) और 'तूफ़ान' (1989) जबकि आख़िरी फ़िल्म 'अल्ला रक्खा' (1986, जैकी श्रॉफ, डिम्पल कपाड़िया, शम्मी कपूर) मेरी थी। मेरे पिताजी की इन फ़िल्मों में अमिताभ बच्चन ने प्रमुख भूमिकाएँ निभायी थीं। इन फ़िल्मों के साथ–साथ 'अमर अकबर एंथनी' (1977, अमिताभ बच्चन, विनोद खन्ना, ऋषि कपूर, प्राण, परवीन बाबी, नीतू सिंह, शबाना आज़मी) और 'सुहाग' (1979) को भी हिन्दुजा बन्धुओं ने सारी दुनिया में प्रदर्शित किया। इसमें इनके बहनोई ख़ुशाल छाबड़िया का बहुत बड़ा योगदान रहा है। वे एक्जीक्यूटिव प्रोड्यूसर का दायित्व निभाते थे।'

केतन देसाई अपने पिता और हिन्दुजा बन्धुओं के रिश्ते की शुरुआत के बारे में बताते हैं कि ''मेरे पिता मनमोहन देसाई ने 1957 (जनम–जनम के फेरे) से लेकर 1993 (अनमोल) तक दर्जनों ब्लाक बस्टर सुपर–डुपर हिट फ़िल्में बनायी हैं, लेकिन 1980 आते–आते जब वे एक मल्टी स्टार फ़िल्म 'नसीब' बनाने की योजना बना रहे थे तो अचानक आर्थिक संकट में आ गये। पैसे के मामले में वे ईमानदार थे और हमेशा सबका हिसाब–किताब समय पर कर देते थे। नसीब में उस ज़माने के तीन–तीन सुपर स्टार और तीन हीरोइनों के साथ सैकड़ों कलाकारों को लेना था। अमिताभ बच्चन, शत्रुघ्न सिन्हा, ऋषि कपूर, हेमा मालिनी, रीना रॉय, किम के साथ और भी ढेर सारे कलाकार काम करने वाले थे। उस समय उनके पास पैसा लगभग न के बराबर था और वे फिफ्टी–फिफ्टी के फॉर्मूले पर कोई पार्टनर खोज रहे थे। एक दिन हमारे वकील साहब एम.एल. रंजीत ने पिताजी को हिन्दुजा बन्धुओं के बारे में बताया और उनसे मिलने की सलाह दी। फिफ्टी–फिफ्टी का फार्मूला यह था कि लेखन, निर्देशन प्रोडक्शन और सारा काम पिताजी करेंगे और पैसा कोई दूसरा व्यक्ति लगायेगा। चाहे मुनाफ़ा हो या घाटा, दोनों आपस में बाँट लेंगे। पिताजी उस पैसे पर ब्याज भी देने को राज़ी थे। वे श्रीचन्द हिन्दुजा और अशोक हिन्दुजा से मिले। हिन्दुजा बन्धुओं के साथ उन्होंने एग्रीमेंट साइन किया। यह हिन्दुजा बन्धुओं का बड़प्पन था कि उन्होंने कहा कि वे पूँजी पर ब्याज नहीं लेंगे और मुनाफ़ा तो आधा–आधा बँटेगा पर यदि नुक़सान हुआ तो वह नहीं बँटेगा, यानी सारा नुक़सान हिन्दुजा बन्धु उठायेंगे। 'नसीब' सुपर हिट हुई। इस फ़िल्म ने भारत के सभी क्षेत्रों के साथ–साथ विदेशों में भी अच्छा कारोबार किया।''

''हिन्दुजा बन्धुओं का व्यवहार ग़ज़ब का था। वे एक बार जिस पर विश्वास कर लेते थे तो फिर आगे कुछ नहीं पूछते थे। उन्होंने पिताजी (मनमोहन देसाई) पर भरोसा करके उस ज़माने में क़रीब साढ़े चार करोड़ रुपये का दाँव लगाया था।

'नसीब' की शूटिंग कई पार्ट में हुई थी। पिताजी ने अशोक हिन्दुजा को बार–बार फ़िल्म के रशेज देखने के लिए आमन्त्रित किया पर उनका कहना था कि वे पूरी फ़िल्म एक साथ देखेंगे। जब–जब शूटिंग होनी होती मैं बजट बना कर ख़ुशाल छाबड़िया को देता था, वे अशोक हिन्दुजा को और अशोक जी तुरन्त चेक दे देते थे। उन्होंने पैसे देने में कभी कोई देर नहीं की। वे चाहते तो एक महीने पैसे रोककर उस पर ब्याज कमा सकते थे। हिन्दुजा बन्धुओं को बिज़नेस करना अच्छे से आता था। उनके लिए पैसे नहीं, नीयत महत्त्वपूर्ण होती थी।

'नसीब' उस ज़माने में क़रीब साढ़े चार करोड़ रुपये में बनी थी जो आज के 250 करोड़ के बराबर है। अशोक जी जानते हैं कि सबसे ज़्यादा 75 लाख रुपये अमिताभ बच्चन को दिये गये थे। जब हिन्दुजा बन्धुओं ने ब्याज लेने से मना कर दिया तो पिताजी ने भी कहा कि वे निर्देशन की अपनी फ़ीस नहीं लेंगे। इसलिए हमारी उनसे ख़ूब जमी। श्रीचन्द हिन्दुजा का आशीर्वाद था और अशोक हिन्दुजा का साथ मिला। ओवरसीज़ वितरण में प्रकाश हिन्दुजा और गोपीचन्द हिन्दुजा की बड़ी भूमिका होती थी। हमने बाद में कई प्रोजेक्ट साथ–साथ किये। पिताजी को लोग रिज़र्व बैंक ऑफ़ इंडिया कहते थे। मतलब उनके पास से किसी का एक पैसा भी नहीं मारा जायेगा। उस ज़माने में सिनेमा के कलाकारों को प्रोड्यूसर लोग लैब लेटर देते थे जिसका मतलब था कि लैब से फ़िल्म तब तक नहीं जायेगी जब तक कलाकारों को पूरा पैसा नहीं मिल जाता और तभी वे लैब को वह लेटर लौटाते थे। इसे ऐसे समझिए कि उस ज़माने में कलाकारों को कई किस्तों में पैसे मिलते थे जिसमें एडवांस (साइनिंग अमाउंट),

लैब लेटर और डबिंग डिलीवरी प्रमुख होती थी। मेरे पिताजी अपना हिसाब–किताब इतना दुरुस्त रखते थे कि उन्होंने कभी किसी को लैब लेटर नहीं दिया। सबको समय पर पैसे दिये। वे फ़िल्म की शूटिंग तभी शुरू करते थे जब पैसे उनके हाथ में आ जाते थे। सबको पता था कि उनका एक पैसा इधर से उधर नहीं होगा। उनकी छवि साफ़ थी। यही बात हिन्दुजा बन्धुओं के बारे में कही जाती थी। इसलिए उनसे हम लोगों की लम्बी निभी।

"मनमोहन देसाई और अमिताभ बच्चन की बेमिसाल जोड़ी को मैं और कई लोग 'मगही बीड़ा पान' कहते थे जिसमें दो बीड़ा पान एक सींक से जुड़े होते हैं। पिताजी ने अमिताभ बच्चन से वादा किया था कि उनके बिना वे कोई फ़िल्म नहीं बनायेंगे। पिताजी जब भी उन्हें पटकथा सुनाने के लिए आमन्त्रित करते, वे मना कर देते। उन्हें पिताजी पर पूरा भरोसा था। जब पिताजी ने बिना अमिताभ बच्चन को साइन किये 'कुली' फ़िल्म की घोषणा कर दी तो लोगों ने अमिताभ बच्चन से पूछा कि आपको टेंशन नहीं हो रहा है? उन्होंने जवाब दिया कि घोषणा नहीं होती तो टेंशन होता। अब टेंशन ख़त्म हो गयी है। पिताजी और अमिताभ बच्चन की जोड़ी कमाल की थी। उन्हें अमिताभ बच्चन पर पक्का भरोसा था कि वे भूमिका जो लिख रहे हैं वह अमिताभ बख़ूबी कर सकते हैं। एक बार उन्होंने अमिताभ बच्चन से कहा भी था कि "तुममें और मुझमें फ़र्क़ यह है कि तुम पूछते हो कि क्या यह रोल मैं कर पाऊँगा और मैं जानता हूँ कि तुम यह कर सकते हो।"

"हिन्दुजा बन्धुओं के साथ जब हम लोग अमिताभ बच्चन को लेकर फ़िल्म 'मर्द' (1985) बना रहे थे तो अचानक उन्हें एक ऐसी बीमारी हो गयी जो दस करोड़ लोगों में से एक को होती है। ख़तरा बड़ा था क्योंकि इसके ठीक दो साल पहले 'कुली' फ़िल्म की शूटिंग के दौरान उन्हें जानलेवा चोट लगी थी और वे मरने से बचे थे। इस बीमारी को माइस्ट्रो ग्रेविसिस कहते हैं जिसमें शरीर की मांस पेशियाँ काम करना बन्द कर देती हैं और इन्सान की हालत लकवाग्रस्त जैसी लाचार हो जाती है। उन्होंने पिताजी से कहा कि वे उनके बदले किसी और अभिनेता को ले लें। पिताजी ने मना कर दिया यह कहते हुए कि उन्होंने पटकथा बदल दी है और उनकी भूमिका व्हीलचेयर पर स्टेन गन लिए जेम्स बांड जैसी बना दी है। पर इसकी नौबत नहीं आयी। सबकी दुआओं से अमिताभ जल्दी ही ठीक हो गये। उनकी माँ तेजी बच्चन ने हनुमान चालीसा का दिन–रात पाठ किया और ख़ूब पूजा–पाठ किया।

ओवरसीज़ (भारत से बाहर) में अमिताभ बच्चन को लेकर पिताजी और हिन्दुजा बन्धुओं की फ़िल्मों को ज़बरदस्त सफलता मिली। कमाल का रिस्पॉन्स था। चार–चार हफ़्ते की एडवांस बुकिंग पहले ही हो जाती थी। हमारी फ़िल्म 'अमर अकबर एंथनी' को दुनिया भर में अपार सफलता मिली। इसकी वजह यह थी कि यह राष्ट्रीय एकता का सन्देश देने वाली फ़िल्म थी। दर्शक मनमोहन देसाई और अमिताभ बच्चन की

फ़िल्मों के लिए तरसते थे, उनकी फ़िल्मों का इन्तज़ार करते थे। मुम्बई में सिनेमा हॉल के बाहर ब्लैक में टिकट बेचने वाले भी इन फ़िल्मों का इन्तज़ार करते थे। एक बार हमारी फ़िल्मों के टिकट ब्लैक में बेचकर अपनी तीन–तीन बेटियों की शादी करने वाला एक इन्सान हमारे ऑफ़िस आया और पिताजी से पाँच मिनट के लिए अपने घर चलने का अनुरोध किया। जब पिताजी को असली बात पता चली तो वे भी आश्चर्यचकित रह गये। जब वे उसके घर गये तो देखा कि उसने अपनी तीनों बेटियों और उनके पतियों को बुला रखा था। वे सब पिताजी का इन्तज़ार कर रहे थे। उसने अपनी बेटियों और उनके पतियों से कहा कि वे पिताजी के पाँव छूकर आशीर्वाद लें क्योंकि इन्हीं के कारण उनकी शादियाँ हो पायी हैं। उन्होंने पिताजी के पाँव छुए। उस ब्लैक मार्केटियर ने कहा कि तुम लोगों के असली पिता मनमोहन देसाई हैं क्योंकि इनकी ही फ़िल्मों के टिकट ब्लैक में बेचकर मैं तुम लोगों की शादी कर सका।'

बेरूत में मेरी फ़िल्म 'चाँदी सोना' पचास हफ़्ते हाउस फुल चली : संजय ख़ान

फ़िल्म अभिनेता, निर्देशक और निर्माता संजय ख़ान का हिन्दुजा बन्धुओं से तब का परिचय है जब हिन्दुजा परिवार मुम्बई के खार इलाक़े में रहता था। वहीं राज कपूर आते थे। संजय ख़ान कहते हैं, "वहीं से राज कपूर और हिन्दुजा बन्धुओं से मेरी दोस्ती शुरू हुई। तब ये लोग ड्राई फ्रूट का बिज़नेस करते थे। श्रीचन्द बड़े नफ़ीस आदमी हैं। गोपीचन्द, प्रकाश और अशोक से उसी दौर में दोस्ती गहरी होती गयी। फिर तेहरान और बाद में लन्दन भी आना–जाना होता रहा। लन्दन में हमारे एक दोस्त थे निर्मल सेठिया। उनके यहाँ मैं और श्रीचन्द ख़ूब जाते थे और जश्न होता रहता था। मुम्बई के खार वाले घर में न जाने कितनी शामें हमने राज कपूर के साथ बितायी हैं। वहीं पर मैंने राज कपूर को लेकर 'अब्दुल्ला' (1980) फ़िल्म की योजना बनायी।

संजय जुमानी, संजय ख़ान और अशोक हिन्दुजा।

"हिन्दुजा बन्धुओं ने मेरी फ़िल्म 'चाँदी सोना' (1977) को ओवरसीज़ में प्रदर्शित किया। मुझे ख़ुद ताज्जुब हुआ कि बेरूत (लेबनान) में इस फ़िल्म ने बॉक्स ऑफ़िस पर फ्रांसिस फोर्ड कपोला की फ़िल्म 'गॉडफ़ादर' को ज़बरदस्त टक्कर दी और पचास हफ़्ते हाउस फुल चली। यह फ़िल्म लन्दन में भी ख़ूब चली। दुनिया भर में जहाँ–जहाँ इसे हिन्दुजा बन्धुओं ने प्रदर्शित किया, वहाँ यह हाउस फुल चली। इस फ़िल्म में मेरे साथ परवीन बॉबी, प्रेम नाथ, डैनी, इफ़्तिखार, कामिनी कौशल, असरानी, रंजीत आदि कई कलाकारों ने काम किया था। फ़िल्म की कहानी भी बड़ी दिलचस्प थी और इसमें अन्त तक सस्पेंस बना रहता है। इसमें एक छोटी–सी भूमिका राज कपूर ने भी निभायी थी। यह पहली फ़िल्म थी, जिसकी शूटिंग मॉरीशस में हुई थी।

वहाँ के प्रधानमन्त्री चाचा राम गुलाम (शिवसागर रामगुलाम कुशवाहा, 18.09.1900–15.12.1985) से हमारी अच्छी दोस्ती हो गयी थी। वे हमारी फ़िल्म की शूटिंग देखने आते भी थे।

''यह भी अजीब इत्तेफ़ाक़ है कि मैंने तीन फ़िल्में बनायीं–'चाँदी सोना', 'अब्दुल्ला' और 'काला धन्धा गोरे लोग' (1986), लेकिन हिन्दुजा बन्धुओं के साथ केवल एक ही फ़िल्म का कारोबारी रिश्ता रहा। फिर भी हमारे बीच गहरी दोस्ती बनी रही। राज कपूर हमारे कॉमन दोस्त थे। जब मैंने अब्दुल्ला में उन्हें रोल ऑफ़र किया और पूछा कि वे कितने पैसे लेंगे तो उन्होंने हँसते हुए दोनों बाँहें फैलाकर कहा–"इतना।" बात आयी गयी हो गयी। एक शाम हम दोनों एक शादी में साथ–साथ गये थे। वहीं पर मैंने उन्हें एक लाख रुपये कैश दिया। उन्होंने मना करते हुए कहा कि यदि शशि (कपूर) कोई फ़िल्म बनायेगा तो क्या मैं उससे पैसे लूँगा! पर मैं भी अड़ गया और कहा कि यह एक पठान का वचन है। आपको पैसे तो लेने पड़ेंगे।

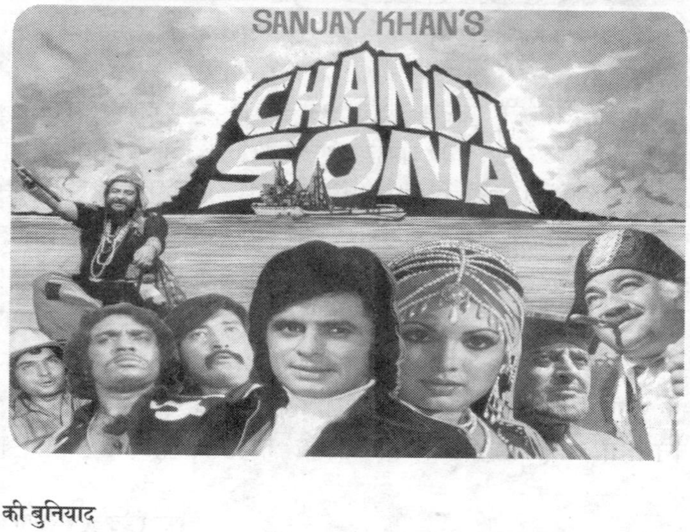

"उस ज़माने के लोग कुछ ऐसे ही होते थे। मुझे सबसे पहले चेतन आनन्द की 'हक़ीक़त' और राजश्री प्रोडक्शन की सत्येन बोस निर्देशित 'दोस्ती' में छोटी–छोटी भूमिकाएँ मिलीं। ये दोनों फ़िल्में 1964 में आयी थीं। पर इन फ़िल्मों में छोटी–छोटी भूमिकाएँ करने के बावजूद दर्शकों और फ़िल्म समीक्षकों ने मेरे काम को काफ़ी पसन्द किया। तब से मैंने ढेर सारी फ़िल्में कीं और बाद में 1989–90 से 'द सोर्ड ऑफ़ टीपू सुलतान' तथा और कई टेलीविज़न सीरियल बनाये। इस दौरान मैंने देखा कि हिन्दुजा बन्धु हमारी फ़िल्म इंडस्ट्री के लिए लगातार कुछ न कुछ अच्छा करते रहे। उनके साथ मेरा एक ऐसा रिश्ता है जिसे कारोबारी नज़रिये से नहीं देखा जा सकता।

देव आनन्द और उनकी कम्पनी नवकेतन से हिन्दुजा बन्धुओं का शुरू से ही घनिष्ठ सम्बन्ध रहा है : अमित खन्ना

भारतीय फ़िल्मों के सदाबहार अभिनेता देवानन्द की कम्पनी नवकेतन फ़िल्म्स में उनके सहायक रहे लेखक निर्देशक अमित खन्ना हिन्दुजा बन्धुओं के साथ हुई मुलाक़ातों को याद करते हुए कहते हैं, "हालाँकि भारतीय फ़िल्में 1935 से ही विदेशों में प्रदर्शित होती रही हैं लेकिन हिन्दुजा बन्धुओं ने ओवरसीज़ बाज़ार का विस्तार किया और इसे प्रभावशाली तरीक़े से लाभप्रद बनाया। ये लोग पहले मुम्बई के खार इलाक़े में रहते थे और इनका ऑफ़िस चरनी रोड में था। खार में इनके पिताजी के नाम पर एक सड़क का नाम भी है 'परमानन्द दीपचन्द हिन्दुजा मार्ग।' उस समय ओवरसीज़ के मुख्यतः तीन वितरक होते थे–हरबंस लाल, मगन भाई सबानी और फ़िल्मकार गुल आनन्द (खट्टा–मीठा) के पिता परमानन्द।

"मुझे याद है कि इन्होंने देवानन्द की पहले दो फ़िल्में, 'गाइड' (1965) और 'ज्वैल थीफ़' (1967) को और बाद में 'हरे रामा हरे कृष्णा' (1971) और 'स्वामी दादा' (1982)

को विदेशों में प्रदर्शित किया। मुझे याद है कि राज कपूर, दिलीप कुमार और देवानन्द की फ़िल्में ओवरसीज़ में सबसे ज़्यादा बिज़नेस करती थीं। देव साहब की कुछ फ़िल्मों में हिन्दुजा बन्धुओं ने पैसे भी लगाये। कॉन फ़िल्म समारोह में जब 'गाइड' का विशेष प्रदर्शन किया गया तो हिन्दुजा बन्धुओं ने अपने घर पर उनके सम्मान में एक पार्टी आयोजित की थी। दरअसल, वे लोग भारतीय फ़िल्मों के प्रोमोशन के लिए कॉन फ़िल्म समारोह के दौरान हर साल वहाँ अपने घर पर पार्टी आयोजित करते रहे हैं। उसमें देवानन्द भी जाते थे।

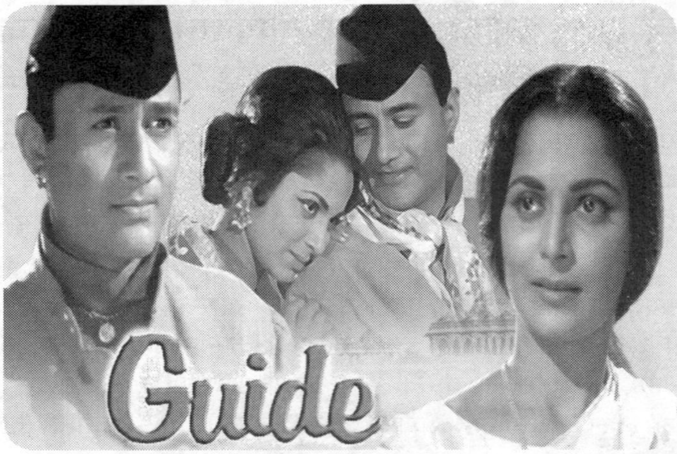

"देव साहब के साथ मुझे लन्दन में तीन–चार बार इनके घर जाने का संयोग हुआ है। हिन्दुजा बन्धु अपने मेहमानों की ज़बरदस्त और उम्दा ख़ातिरदारी करते हैं हालाँकि भोजन हमेशा शाकाहारी ही होता है। देवानन्द और उनकी कम्पनी नवकेतन फ़िल्म्स

से हिन्दुजा बन्धुओं का शुरू से ही घनिष्ठ सम्बन्ध रहा है। हालाँकि नवकेतन की शुरुआती फ़िल्मों में ईसर दास नाउमल पैसा लगाते थे, बाद में हिन्दुजा बन्धुओं ने पैसे लगाने शुरू किये। राज कपूर और बी. आर. चोपड़ा की फ़िल्मों में शुरू–शुरू में इंडिया टुडे ग्रुप के चेयरमैन अरुण पुरी के पिता विद्या विलास पुरी ने पैसे लगाये थे। जब हिन्दुजा परिवार सिनेमा के बिज़नेस में आया तो उस समय कोई भी बड़ा उद्योगपति इसमें हाथ नहीं डालता था क्योंकि सिनेमा एक छोटा बिज़नेस है और इसमें समय और मेहनत बहुत लगती है। आप सोचिए कि ये उस ज़माने (1955–1978) में राज कपूर और दूसरे भारतीय कलाकारों को चार्टर्ड विमान से ईरान ले जाते थे। भारतीय सिनेमा के इतिहास में हिन्दुजा बन्धुओं का महत्त्वपूर्ण योगदान तो रहा ही है जिसे आज लोग भूलते जा रहे हैं।"

प्रकाश हिन्दुजा ने मुझे कॉन फ़िल्म समारोह के अध्यक्ष जिल जैकब से मिलवाया था : एस.एम. ख़ान

भारत सरकार के सूचना एवं प्रसारण मन्त्रालय के फ़िल्म समारोह निदेशालय के पूर्व महानिदेशक (सितम्बर, 2008–फ़रवरी, 2011) एस. एम. ख़ान याद करते हैं कि कॉन फ़िल्म समारोह के दौरान भारतीय पैविलियन में प्रकाश हिन्दुजा अक्सर आते रहते थे। उनसे मेरी मुलाक़ात तभी हुई थी। वे ख़ुद तो आते ही थे, अपने साथ सिनेमा से जुड़े उन प्रभावशाली लोगों को भी लाते थे जो भारतीय फ़िल्मों के अन्तरराष्ट्रीय स्तर पर प्रोमोशन में मददगार हो सकते हैं। वे भारतीय पैविलियन की हर गतिविधि में शामिल होते थे। वे हमेशा कहते थे कि वे वह सब कुछ करने के लिए तैयार हैं, जिससे सिनेमा

के क्षेत्र में भारत का अन्तरराष्ट्रीय स्तर पर रुतबा बढ़े। प्रकाश हिन्दुजा ने 2009–10 में कॉन फ़िल्म समारोह के अध्यक्ष जिल जैकब से मेरी और भारतीय प्रतिनिधिमण्डल की एक मुलाक़ात भी करायी थी जिसका उद्देश्य था कि भारतीय फ़िल्मों के लिए फ्रांस में कैसे बाज़ार बनाया जा सकता है। साथ ही सिनेमा के क्षेत्र में भारत और फ्रांस के बीच आदान–प्रदान की गतिविधियाँ कैसे बढ़ाई जायें। इन्हीं प्रयासों का नतीजा है कि बाद में भारत और फ्रांस के बीच को प्रोडक्शन का समझौता हुआ।

कॉन फ़िल्म समारोह में हिन्दुजा बन्धुओं का डिनर अक्सर चर्चा का विषय होता था। उन्होंने 14 मई, 2010 की शाम कॉन के ली ग्रांड होटल में भारतीय फ़िल्मों के प्रोमोशन के लिए एक भव्य रात्रिभोज का आयोजन किया जिसमें उन्होंने कॉन फ़िल्म समारोह में आये दुनिया भर की फ़िल्मी हस्तियों को आमन्त्रित किया। भारतीय मेहमानों में मेरे और भारतीय प्रतिनिधिमण्डल के साथ अमिताभ बच्चन, ऐश्वर्या राय, सुभाष घई, प्रसून जोशी, राकेश रोशन, ह्रतिक रोशन, मनीषा कोइराला सहित बड़ी संख्या में भारतीय मौजूद थे। उन्हीं दिनों अशोक हिन्दुजा की बेटी अम्बिका हिन्दुजा की फ़िल्म 'तीन पत्ती' (निर्देशक लीना यादव) को वहाँ लांच किया गया था जिसमें रिचर्ड एटनबरो की गाँधी फेम बेन किंग्सले और अमिताभ बच्चन ने मुख्य भूमिकाएँ निभायी थीं।

प्रकाश हिन्दुजा मुझे अभी भी कई रचनात्मक सुझाव देते रहते हैं। उनका सुझाव है कि रोम्याँ रोलाँ और महात्मा गाँधी की ऐतिहासिक मुलाक़ात पर एक उम्दा फ़िल्म बनायी जाय जिसे दुनिया भर के फ़िल्म समारोहों में दिखाया जाये। फ्रांस की सीमा के पास स्विट्ज़रलैंड के विलेनोव शहर में नोबेल पुरस्कार से सम्मानित महान फ्रेंच विद्वान रोम्याँ रोलाँ के घर विला लिओनेट में महात्मा गाँधी दिसम्बर, 1931 में पाँच दिन ठहरे थे। 14 सितम्बर, 2019 को महात्मा गाँधी की 150वीं जयन्ती पर भारत के राष्ट्रपति रामनाथ कोविन्द ने वहाँ जाकर महात्मा गाँधी की प्रतिमा का अनावरण किया था। उसी समारोह में उस ऐतिहासिक यात्रा की याद में उस चौराहे का नामकरण महात्मा गाँधी के नाम पर किया गया। मेरी मजबूरी है कि मैं अब सरकार में नहीं हूँ और समय बदल चुका है।

जिल जैकब : जिन्होंने कॉन फ़िल्म फ़ेस्टिबल को दुनिया का सबसे महत्त्वपूर्ण फ़िल्म समारोह बना दिया।

''अशोक हिन्दुजा ने मेरी धुन से खुश होकर मुझे गाजर का हलवा खिलाया था''–अनु मलिक

हिन्दी फ़िल्म संगीत पर एक समय राज करने वाले अनु मलिक (अनवर सरदार मलिक) अपने शुरुआती संघर्ष के दिनों को याद करते हुए कहते हैं कि यदि मनमोहन देसाई ने उनकी मुलाक़ात अशोक हिन्दुजा से नहीं कराई होती तो उन्हें इतनी जल्दी सफलता नहीं मिलती। आज से चालीस साल पहले की बात है जब अशोक हिन्दुजा और मनमोहन देसाई उस समय के सुपरस्टार अमिताभ बच्चन को लेकर फ़िल्म 'मर्द' (1985) बना रहे थे। उन दिनों हिन्दी फ़िल्म संगीत पर लक्ष्मीकान्त प्यारेलाल, कल्याणजी आनन्दजी, राहुल देव बर्मन जैसे संगीतकारों का दबदबा था। लक्ष्मीकांत प्यारेलाल मनमोहन देसाई के प्रिय संगीतकार होते थे। अनु मलिक कहते हैं–''मैं तब बीस बाईस साल का नौजवान था और मुझे तब कोई ख़ास सफलता नहीं मिली थी। मैंने एक दिन हिम्मत करके मनमोहन देसाई को अपनी कुछ धुनें सुनायीं। मनमोहन देसाई उन दिनों फ़िल्म इंडस्ट्री में शीर्ष पर थे और वे फ़िल्म को सुपरहिट बनाने की गारंटी माने जाते थे। वे यह कहते हुए मुझे हिन्दुजा के घर ले गये कि यदि अशोक हिन्दुजा को मेरी धुनें पसन्द आ गयी तो उनकी फ़िल्म 'मर्द' में बतौर संगीतकार वे मुझे ले लेंगे। मैं अपना बाजा लेकर उनके साथ हिन्दुजा के जुहू स्थित घर गया। मैंने वहाँ 'मर्द' के लिए तैयार की गई कुछ धुनें सुनायीं। एक गीत का मुखड़ा था–''मैं हूँ मर्द ताँगेवाला, मुझे दुश्मन क्या मारेगा, मेरा दोस्त है ऊपरवाला।'' दूसरा गीत था–''सुन रूबिया, तुझसे प्यार हो गया, मैं तेरा ताँगेवाला, तू मेरी ताँगेवाली।'' इस फ़िल्म के लिए मैंने माता का एक भजन तैयार किया था और इसकी तीन धुनें बनायीं थी। मैंने अशोक हिन्दुजा को तीनों धुनें सुनायीं। उनका म्यूज़िक सेंस कमाल का था। उन्होंने वही धुन चुनी जो मनमोहन देसाई पहले ही पसन्द कर चुके थे।

वह गाना था– ''ओ माँ शेरोंवाली, माँ मेरी माँ से मिला दे मुझे।'' अशोक हिन्दुजा को मेरी सारी धुनें पसन्द आयी और मुझे काम मिल गया। उन्होंने ख़ुश होकर मुझे अपनी रसोई में बना हुआ गाजर का हलवा खिलाया। मैं वह शाम कभी नहीं भूल सकता। आप सोचिए कि जिस तरह उन्होंने मेरे जैसे बीस–बाईस साल के नौजवान को बड़े बजट की अमिताभ बच्चन की फ़िल्म में संगीत देने का अवसर दिया, वह मेरे लिए किसी चमत्कार से कम नहीं था। तब से आज तक मेरा उनसे दोस्ताना बरकरार है।

''मुझे आश्चर्य होता है कि हिन्दी सिनेमा के विकास में हिन्दुजा बन्धुओं का इतना बड़ा योगदान होने के बाद कभी उस पर कोई बात क्यों नहीं हुई। सच तो यह है कि हिन्दुजा बन्धुओं ने बॉलीवुड की बुनियाद रखी है और सबकी मदद की है। संयोग देखिए कि जिस फ़िल्म में उन्होंने पैसा लगाया, वह सुपरहिट हो गयी। आज हम सिनेमा में जिस कॉरपोरेट संस्कृति की बात करते हैं, उसकी शुरुआत हिन्दुजा बन्धुओं की कम्पनी 'आसिया फ़िल्म्स' से होती है। मेरे जीवन की पहली बड़ी फ़िल्म 'मर्द' थी जिसमें आसिया फ़िल्म्स ने पैसा लगाया था। हिन्दुजा केवल बड़े लोग नहीं हैं, ये मुहब्बत करनेवाले लोग हैं। सिनेमा में पैसा लगानेवाले तो और भी होंगे, पर अशोक हिन्दुजा के पास सिनेमा का विजन था, समझ थी जिससे वे सफल रहे। उस ज़माने में होता यह था कि जैसे ही हिन्दुजा किसी फ़िल्म में पैसा लगाने के लिए राजी होते थे, समझिए फ़िल्म बन गयी। निर्देशक को आत्मविश्वास आ जाता था। हम कलाकारों के लिए हिन्दुजा बन्धु दिल के बादशाह हैं। दुनिया में जब भी कुछ नया घटित होता है, हिन्दुजा बन्धु कलाकारों–बुद्धिजीवियों को बुलाकर उस पर चर्चा करवाते हैं।

हिन्दुजा बन्धुओं ने पैसे के लिए कभी किसी पर अदालत में मुक़दमा नहीं किया : सुभाष शर्मा

अपने ज़माने की सुपरहिट मल्टीस्टार फ़िल्म 'सुहाग' (1979, मनमोहन देसाई) के वितरक सुभाष शर्मा बताते हैं कि ''हिन्दुजा बन्धुओं ने सैकड़ों फ़िल्म निर्माताओं की पैसे से मदद की। ये लोग बिज़नेस में ईमानदार थे। मुझसे उन्होंने 'सुहाग' फ़िल्म ख़रीदी और ब्रिटेन, अमेरिका, सिंगापुर और सारी दुनिया में प्रदर्शित की। दस गुना मुनाफ़ा हुआ। ये लोग कहीं नहीं जाते थे। जिसको बिज़नेस करना होता था वह इनके यहाँ आता था। ये पहले से ही एग्रीमेंट बनाकर रखते थे, हालाँकि इन लोगों ने कभी किसी पर क़ानूनी दावा नहीं ठोका, किसी को दण्ड नहीं दिया। यदि कोई पैसे नहीं चुका पाता था तो हिन्दुजा उसे माफ़ कर देते थे। उस ज़माने में 'सुहाग' फ़िल्म सवा दो करोड़ रुपये में बन गयी थी। आप सोचिए हिन्दुजा बन्धुओं ने 1964 में 550 फ़िल्मों की पब्लिसिटी की थी।''

सुभाष शर्मा

10

उपसंहार

यह किताब कैसे लिखी गयी, इसकी विस्तार से चर्चा पहले अध्याय में की गयी है। अन्त में मैं इतना ही कह सकता हूँ कि हिन्दुजा बन्धुओं को अपना सिनेमा का बिज़नेस अभी कुछ साल तक किसी न किसी रूप में जारी रखना चाहिए था। भारतीय सिनेमा को दुनिया भर में ले जाने के अपने उपक्रमों का दस्तावेज़ीकरण करना चाहिए था जिससे आने वाली पीढ़ियों को प्रेरणा मिलती। मेरा सुझाव है कि मुम्बई में एक ऐसा संग्रहालय बनाया जाये जिसमें सिनेमा के इस स्वर्णिम इतिहास को दर्शाया जाय। सिनेमा से प्रेम करने वाली आज की नौजवान पीढ़ी को कम–से–कम पता तो चले कि वह दौर कैसा था और कैसे हिन्दुजा बन्धुओं के प्रयासों से दुनिया भर में भारतीय सिनेमा को पहचान मिली थी। यह सब कुल मिलाकर सिनेमा के माध्यम से भारतीय संस्कृति को दुनिया भर में ले जाने का एक सांस्कृतिक–सामाजिक अभियान ही तो था जिसे किसी न किसी रूप में आज भी जारी रहना चाहिए था। मुझे एक बात का हमेशा अफ़सोस रहेगा कि मैं हिन्दुजा बन्धुओं से दस साल पहले क्यों नहीं मिला जब मैं पहली बार 2013 में कॉन फ़िल्म फ़ेस्टिवल गया था। तब इस इतिहास से जुड़े बहुत सारे लोग जीवित थे और उनके अनुभव इस किताब में शामिल किये जा सकते थे।

मुझे जिस एक बात ने इस किताब को लिखने के लिए प्रेरित किया वह यह कि जिन लोगों ने आज से पैंसठ–सत्तर साल पहले बॉलीवुड की बुनियाद रखी, उनके बारे में कभी कोई बात क्यों नहीं हुई। इस सिलसिले में मैं फ़िल्म और बिज़नेस जगत के सैकड़ों लोगों से मिला सबने मेरी बात सुनकर आश्चर्य प्रकट किया।

इस किताब में अनेक अनसुनी कहानियाँ हैं। यह एक तरह से भुला दिये गये इतिहास को दोबारा ज़िन्दा करने की कोशिश है। आज ईरान का सिनेमा दुनिया भर में जाना जाता है, लेकिन उसी ईरान में हिन्दी सिनेमा की सफलता का इतिहास लगभग भुला दिया गया। मैं जब ईरान के राष्ट्रपति महमूद अहमदीनेजाद के आमन्त्रण पर सितम्बर 2012 में तेहरान गया था और लोगों से हिन्दी सिनेमा के बारे में बात करने की कोशिश की तो मुझे यह जानकर आश्चर्य हुआ कि वहाँ भी अब किसी को कुछ भी नहीं पता। जब यह किताब फ़ारसी में छपेगी तो हो सकता है कि ईरान की युवा पीढ़ी को यह सुनहरा इतिहास पता चले। जब मैं 42 वें काहिरा अन्तरराष्ट्रीय फ़िल्म समारोह (2020) में इजिप्ट (मिस्र) गया तो वहाँ भी हिन्दी सिनेमा के बारे में लोगो को बहुत कम पता था। काहिरा के जिस सरकारी सिनेमा हाल में राज कपूर की फ़िल्म 'संगम' एक साल तक हाउस फुल चली, अब वहाँ भी किसी को ज्यादा कुछ नहीं पता है। इसीलिए इस किताब का अरबी संस्करण छपना ज़रूरी है। एक और मुश्किल मेरे सामने आयी कि इस इतिहास को दोबारा खोजने के दौरान बहुत कम दस्तावेज़ मिल सके। इसका प्रमुख कारण यह था कि हिन्दुजा बन्धुओं ने कभी भी अपने योगदान का श्रेय लेने की कभी न तो कोई कोशिश की, न ही उन्होंने इसमें कोई दिलचस्पी दिखाई। हिन्दुजा परिवार ने आम तौरपर मीडिया से दूरी बनाये रखी, इसलिए पचास और साठ के दशक में छपने वाली पत्र–पत्रिकाओं में उनके बारे में बड़ी मुश्किल से कोई जानकारी मिलती है। वे लोग फ़िल्मी पार्टियों से भी दूर ही रहें। शायद इसकी एक वजह अपने पिता परमानन्द दीपचन्द हिन्दुजा को दिया गया उनका वचन रहा हो। बहरहाल एक बड़ा यज्ञ सकुशल सम्पन्न हो गया।

अपने ज़माने के दिग्गज अभिनेता मनोज कुमार ने बार–बार इच्छा जताई कि वे अपने अनुभव साझा करना चाहते हैं। अपने स्वास्थ्य की वजह से वे ऐसा नहीं कर पाये। अमिताभ बच्चन को भी कुछ लिखना था और करण जौहर से तो मेरी कई बार बात भी हो चुकी थी। रमेश सिप्पी, वहीदा रहमान, देव आनन्द के बेटे सुनील आनन्द, दिलीप कुमार की पत्नी सायरा बानो, जैकी श्रॉफ, अनूप जलोटा, रणधीर कपूर, सुभाष घई, गीतकार आनन्द बख़्शी के पुत्र राकेश बख़्शी, रणछोड़ जुमानी, फ़िल्मिस्तान के मालिक तोलाराम जालान की पत्नी नीना जालान और ऐसे ही अनेक लोगों से बातचीत नहीं हो पायी। अभी हाल ही में राजस्थान अन्तरराष्ट्रीय फ़िल्म समारोह, जोधपुर में फ़िल्मिस्तान स्टूडियो से जुड़े संजीव गोयनका मिले तो उन्होंने इस किताब में दिलचस्पी दिखाई। हो सकता है कि इस किताब के दूसरे संस्करण में इन लोगों की बातचीत के साथ कुछ और सामग्री शामिल की जाय। फ़रवरी 2020 में गोपीचन्द जी का सुझाव था कि एक बार मुझे ईरान जाकर इस किताब के लिए कुछ और शोध करना चाहिए। अशोक हिन्दुजा ने सारा इन्तज़ाम भी करवा दिया था,

लेकिन उसी समय एक तो ईरान में कुछ समस्या शुरू हो गयी और थोड़े ही दिनों बाद भारत में कोरोना के कारण लॉक डाउन लग गया।

आज यदि हम विश्व स्तर पर हिन्दी सिनेमा की गुणवत्ता, भूमिका और बाज़ार की बात करें तो जो दृश्य उभरता है, उसकी बुनियाद पचास के दशक में हिन्दुजा बन्धुओं ने रखी थी। उन्होंने उस ज़माने में हिन्दी सिनेमा के लिए दुनिया भर में एक बाज़ार बनाया। यह भी बात सामने आयी कि जब हमारा फ़िल्म उद्योग भयानक मन्दी से गुज़र रहा था तो हिन्दुजा बन्धुओं ने उसे उबारा। उनके प्रयासों से भारत को बड़ी मात्रा में विदेशी मुद्रा मिली। भारत सरकार के पास इसका रिकॉर्ड मौजूद हैं। आज बॉलीवुड की फ़िल्मों का दुनिया भर में बड़ा बाज़ार मौजूद हैं और हमारी फ़िल्में अच्छा कारोबार कर रही है। यह सब इसलिए सम्भव हो सका क्योंकि हिन्दुजा बन्धुओं ने पचास के दशक में यह बाज़ार बनाया। यदि आज इस दिशा में और प्रयास किये जायें और उन देशों में फिर से हिन्दी सिनेमा को प्रदर्शित किया जाय जहाँ एक ज़माने में ये फ़िल्में व्यावसायिक सफलता का रिकॉर्ड बना चुकी हैं तो यह बाज़ार और बड़ा हो सकता है।

टाइम्स ऑफ़ इंडिया समाचार–पत्र समूह की सिनेमा की मशहूर पत्रिका 'माधुरी' के 24 अप्रैल, 1964 के अंक में पृष्ठ 22–23 पर सुप्रसिद्ध फ्रेंच फ़िल्म समीक्षक जॉर्ज सादू का विनोद कृष्ण तिवारी द्वारा लिया गया एक लम्बा पर महत्त्वपूर्ण इंटरव्यू छपा है जिसका शीर्षक है–'भारतीय फ़िल्में यूरोप में।' इस इंटरव्यू में जॉर्ज सादू एक जगह कहते हैं कि 'हम आपकी फ़िल्मों में भारतीय सभ्यता और संस्कृति देखना चाहते हैं, पश्चिम की नक़ल नहीं।'

यहीं वह मूल मन्त्र है जिसके कारण हिन्दुजा बन्धुओं ने जितनी भी भारतीय फ़िल्मों का विदेशों में निर्यात किया, वे सफल रहीं। उन फ़िल्मों की सांस्कृतिक पहचान और भारतीयता का विश्लेषण आज ख़ासा दिलचस्प हो सकता है। उन फ़िल्मों में ऐसा क्या था जिसके लिए विदेशी दर्शक टूट पड़े। ज़ाहिर है वह चीज़ थी भारतीय जीवन मूल्य।

व्ही. शान्ताराम, देव आनन्द, राज कपूर, शक्ति सामन्त, राजश्री प्रोडक्शन, मनोज कुमार, मनमोहन देसाई, रामानन्द सागर, महबूब ख़ान, जी. पी. सिप्पी आदि निर्माता–निर्देशकों की फ़िल्मों की विदेशों में अभूतपूर्व सफलता ने 1954–1984 तक एक अलग इतिहास रच दिया। आज हम जो हिन्दी सिनेमा का वैश्विक बाज़ार देखते हैं, वह इसलिए सम्भव हो सका क्योंकि उसकी बुनियाद हिन्दुजा बन्धुओं ने 1954–55 में रखी थी। इसमें राज कपूर और उनकी फ़िल्मों का योगदान बेमिसाल है। आज जो भारतीय फ़िल्में विदेशों में सफल हो रही हैं वे आमतौर पर वे फ़िल्में हैं जिन्हें हम समान्तर सिनेमा, कला सिनेमा या गम्भीर सिनेमा कहते हैं। मेरा यह निष्कर्ष कॉन, बर्लिन, वेनिस, बुशान, सनडांस जैसे दुनिया के ताक़तवर फ़िल्म समारोहों के आधार पर हैं जिसकी शुरुआत विष्णुपन्त गोविन्द दामले और शेख फत्तेलाल की मराठी फ़िल्म

लेकिन उसी समय एक तो ईरान में कुछ समस्या शुरू हो गयी और थोड़े ही दिनों बाद भारत में कोरोना के कारण लॉक डाउन लग गया।

आज यदि हम विश्व स्तर पर हिन्दी सिनेमा की गुणवत्ता, भूमिका और बाज़ार की बात करें तो जो दृश्य उभरता है, उसकी बुनियाद पचास के दशक में हिन्दुजा बन्धुओं ने रखी थी। उन्होंने उस ज़माने में हिन्दी सिनेमा के लिए दुनिया भर में एक बाज़ार बनाया। यह भी बात सामने आयी कि जब हमारा फ़िल्म उद्योग भयानक मन्दी से गुज़र रहा था तो हिन्दुजा बन्धुओं ने उसे उबारा। उनके प्रयासों से भारत को बड़ी मात्रा में विदेशी मुद्रा मिली। भारत सरकार के पास इसका रिकॉर्ड मौजूद हैं। आज बॉलीवुड की फ़िल्मों का दुनिया भर में बड़ा बाज़ार मौजूद हैं और हमारी फ़िल्में अच्छा कारोबार कर रही है। यह सब इसलिए सम्भव हो सका क्योंकि हिन्दुजा बन्धुओं ने पचास के दशक में यह बाज़ार बनाया। यदि आज इस दिशा में और प्रयास किये जायें और उन देशों में फिर से हिन्दी सिनेमा को प्रदर्शित किया जाय जहाँ एक ज़माने में ये फ़िल्में व्यावसायिक सफलता का रिकॉर्ड बना चुकी हैं तो यह बाज़ार और बड़ा हो सकता है।

टाइम्स ऑफ़ इंडिया समाचार–पत्र समूह की सिनेमा की मशहूर पत्रिका 'माधुरी' के 24 अप्रैल, 1964 के अंक में पृष्ठ 22–23 पर सुप्रसिद्ध फ्रेंच फ़िल्म समीक्षक जॉर्ज सादू का विनोद कृष्ण तिवारी द्वारा लिया गया एक लम्बा पर महत्त्वपूर्ण इंटरव्यू छपा है जिसका शीर्षक है–'भारतीय फ़िल्में यूरोप में।' इस इंटरव्यू में जॉर्ज सादू एक जगह कहते हैं कि 'हम आपकी फ़िल्मों में भारतीय सभ्यता और संस्कृति देखना चाहते हैं, पश्चिम की नक़ल नहीं।'

यहीं वह मूल मन्त्र है जिसके कारण हिन्दुजा बन्धुओं ने जितनी भी भारतीय फ़िल्मों का विदेशों में निर्यात किया, वे सफल रहीं। उन फ़िल्मों की सांस्कृतिक पहचान और भारतीयता का विश्लेषण आज ख़ासा दिलचस्प हो सकता है। उन फ़िल्मों में ऐसा क्या था जिसके लिए विदेशी दर्शक टूट पड़े। ज़ाहिर है वह चीज़ थी भारतीय जीवन मूल्य।

व्ही. शान्ताराम, देव आनन्द, राज कपूर, शक्ति सामन्त, राजश्री प्रोडक्शन, मनोज कुमार, मनमोहन देसाई, रामानन्द सागर, महबूब ख़ान, जी. पी. सिप्पी आदि निर्माता–निर्देशकों की फ़िल्मों की विदेशों में अभूतपूर्व सफलता ने 1954–1984 तक एक अलग इतिहास रच दिया। आज हम जो हिन्दी सिनेमा का वैश्विक बाज़ार देखते हैं, वह इसलिए सम्भव हो सका क्योंकि उसकी बुनियाद हिन्दुजा बन्धुओं ने 1954–55 में रखी थी। इसमें राज कपूर और उनकी फ़िल्मों का योगदान बेमिसाल है। आज जो भारतीय फ़िल्में विदेशों में सफल हो रही हैं वे आमतौर पर वे फ़िल्में हैं जिन्हें हम समान्तर सिनेमा, कला सिनेमा या गम्भीर सिनेमा कहते हैं। मेरा यह निष्कर्ष कॉन, बर्लिन, वेनिस, बुशान, सनडांस जैसे दुनिया के ताक़तवर फ़िल्म समारोहों के आधार पर हैं जिसकी शुरुआत विष्णुपन्त गोविन्द दामले और शेख फत्तेलाल की मराठी फ़िल्म

'सन्त तुकाराम' (1936) और चेतन आनन्द की 'नीचा नगर' (1946) से होती है और आगे चलकर सत्यजित राय की फ़िल्म 'पाथेर पांचाली' (1955) ने इस सिलसिले को आगे बढ़ाया। यहाँ यह बात ग़ौर करने वाली है कि हिन्दुजा बन्धुओं ने हाशिए के सिनेमा की बजाय हिन्दी के मुख्यधारा व्यावसायिक सिनेमा पर ध्यान दिया जिसके कारण आज हमारी फ़िल्मों का सारी दुनिया में इतना बड़ा बाज़ार बन सका। मुझे लगता है कि इन सभी विषयों पर कम–से–कम बात होनी चाहिए। उन्होंने कोशिश की कि दुनिया के सबसे बड़े फ़िल्म समारोह कॉन फ़िल्म फ़ेस्टिवल में भी मुख्यधारा के सिनेमा को जगह और इज़्ज़त मिले।

राज कपूर की 'संगम', महबूब ख़ान की 'मदर इंडिया' और रामानन्द सागर की 'आरज़ू' और 'आँखें' के अलावे यहाँ कुछ और फ़िल्मों की चर्चा करना प्रासंगिक होगा जिन्होंने दुनिया भर में लोकप्रियता और व्यावसायिक सफलता के कीर्तिमान स्थापित किये। बी मित्र की बंकिमचन्द्र चट्टोपाध्याय के उपन्यास पर बनी फ़िल्म 'दुर्गेश नन्दिनी' (1956) की चर्चा हो चुकी है जिसे ईरान में 'फरमान–ए–अकबर' नाम से प्रदर्शित किया गया। उसी तरह देवानन्द की फ़िल्म 'गाइड' (1965) को वहाँ फारसी में 'रहनुमा' नाम से रिलिज़ किया गया जिसके निर्देशक विजय आनन्द थे। राजश्री प्रोडक्शन की दोस्ती और राजेश खन्ना अभिनीत 'हाथी मेरे साथी' की भी खूब चर्चा रही। व्ही. शान्ताराम की 'दो आँखें बारह हाथ' और 'डॉ कोटनीस की अमर कहानी' ने भी अच्छा बिज़नेस किया। इस कड़ी में कुछ और फ़िल्मों के नाम गिनाये जा सकते हैं जैसे राज कपूर की 'आग', 'श्री 420', 'आवारा', 'जिस देश मे गंगा बहती है', 'बाबी', 'बूट पॉलिश', मनोज कुमार की 'उपकार', 'पूरब और पश्चिम, 'रोटी कपड़ा और मकान', 'शोर', 'क्रान्ति' प्रमोद चक्रवर्ती की 'ड्रीम गर्ल', रमेश सिप्पी की 'शोले', रणधीर कपूर की 'ईमान धरम', देवानन्द की 'बाजी', 'ज्वैल थीफ', 'हरे रामा हरे कृष्णा', दिलीप कुमार की 'राम और श्याम', हेमा मालिनी की 'सीता और गीता', राज कुमार की 'पैग़ाम' और 'दिल एक मन्दिर', शम्मी कपूर की 'ब्रह्मचारी', राजेन्द्र कुमार की 'मेरे महबूब', यश जौहर की 'दोस्ताना' और अमिताभ बच्चन की सभी प्रमुख फ़िल्में आदि।

अब यह किताब पाठकों को समर्पित है। इसमें जो कुछ भी छूट गया है उसे अगले संस्करणों में शामिल करने की कोशिश की जायेगी।

□□